JN041964

歌舞伎役者　市川雷蔵

のらりくらりと生きて

大島幸久

中央公論新社

目次

夏の段――65

冬の段――161

歌舞伎役者　市川雷蔵——のらりくらりと生きて

口上

らいらいらいらい　らいららい　らいらい雷蔵さんは　水も滴るいい男
のらりのらのら　くらりくらくら　のらくらのらくら雷蔵さんは　人を笑わすおどけ者

姓は市川　名は雷蔵
生まれは京都　屋号は升田屋
刃を抜けば相手は目を廻す
一言話せば　とぼけた愛嬌
やいやい　聞いて驚くな
なまこの雷さまとは　わてのこっちゃ

映画俳優市川雷蔵といえば二枚目の中の二枚目。その雷さまがどうして「なまこ」なんだい。どうして「のらりくらり」なのだ。

さあて　お立ち会い。

〝眠狂四郎〟でその名を知られる市川雷蔵のまだ知られていない「謎」を探ろうというのが本題。

市川雷蔵とは歌舞伎役者、二枚目の立役だったと書こうというのが第二の本題。

どのような歌舞伎役者だったのか。梨園という特殊な世界で何を感じていたのか。それも知りたいというのが第三の本題。

二枚目の歌舞伎役者といえば〝花の橘屋〟十五代目市村羽左衛門か、〝天下の海老さま〟十一代目市川團十郎か。おっとどっこい市川雷蔵。探れば探るほど、歌舞伎役者雷蔵は面白い。

「今でも私という人間のなかには、のらくらとしていたいという怠惰な気持がないとはいえません」（『雷蔵、雷蔵を語る』「私の愛と生活の条件」）

自ら正直に、のらりくらりを自認している雷蔵に興味が湧きませんか。湧きます湧きます。

いよいよ〝雷蔵劇場〟の幕を開けよう。

第一段、「初舞台」。歌舞伎役者としての誕生とございい。

春の段

初舞台

おどけた口上はさておき、晴れの初舞台。歌舞伎俳優にとっては実に重い出発で、現在のたとえば大名題の御曹司の場合、「初お目見得」という本名でのお披露目を経てから初舞台のお披露目を行う家もある。しかし、それ以下の格の家は、大半が俳優への第一歩は初舞台なのである。

昭和二十一年（一九四六）十一月、大阪・歌舞伎座で「東西合同大歌舞伎」が華々しく上演された。先の敗戦からまだ一年半も経っていない時代。竹内嘉男《よしお》少年はこの公演で初めて「三代目市川莚蔵《えんぞう》」を名乗った。莚蔵が歌舞伎の世界に踏み込んだ初の俳優名なのだった。この時、まだ十五歳と三か月にも満たない秋だった。

その公演は前月十月の京都南座の俳優がそっくり移った〝オール関西歌舞伎軍〟と思えた。

第一部は『俊寛』『望の港』『三人片輪』『玄冶店《げんやだな》』。第二部が『中山七里』『新口村』『勧進帳』、そして『双面《ふたおもて》』という二部構成の演目立て。莚蔵こと後の雷蔵は夜の序幕『中山七里』に出演した。役柄は茶屋娘お花。女形である。少女の役だった。

『中山七里』は股旅物の時代劇で知られた長谷川伸の三大名作の一つとされる。昭和四年（一九二九）の『舞台戯曲』十月号に発表され、同十月の東京・新橋演舞場で初演されていた。この時の主役・政吉を名優・六代目尾上菊五郎が演じた舞台だった。

莚蔵の初舞台となったこの公演には三代目阪東寿三郎と二代目林又一郎が新たに加入していた。寿三郎は当時、関西歌舞伎の重鎮、又一郎は初代中村鴈治郎の長男であり、ちなみに又一郎の孫が現在、二枚目俳優で活躍している林与一。政吉は寿三郎が演じていた。「どうして又今頃こんな古い長谷川伸が現れたかとそれを別の問題とすれば柄に合っただけに面白く見られます」（『幕間《まくあい》』昭和二十一年十一月号）と中塚徳平がさらりと触れているだけの論評。

後々、詳しく書くのだが、最初の養父母である関西歌舞伎の俳優だった市川九団次夫妻から、出生の秘密を初めて聞かされたのがちょうどこの時期だったという。その父九団次が前名二代目で名乗っていたのが莚蔵。その三代目として襲名したのだった。

「東西合同大歌舞伎」では片岡我當（後に十三代目仁左衛門）が『俊寛』、実川延若（二代目）が『望の港』、又一郎が『三人片輪』、市川寿美蔵と四代目中村富十郎で『玄冶店』、そして延若の『新口村』、富十郎・鶴之助（後に五代目富十郎）で『双面』。人気狂言の歌舞伎十八番の内『勧進帳』は寿美蔵の弁慶、寿三郎の富樫、又一郎の義経という配役。雷蔵の父九団次も常陸坊で加わっており、九団次はこのほか金蔵、藤左衛門の役で他の演目にも出ていた。初舞台を飾った公演としては顔触れといい演目といい、十分に豪華なお膳立てと言える。寿美蔵とはその後、雷蔵が養子に入った三代目市川寿海である。

残っているスチール写真を見る限り、あどけない少女の扮装がよく似合う。町娘の拵《こしら》えで団扇《うちわ》を手にし、中腰に座っている姿は本当にあどけない。『中山七里』の役であったお花は、実は養母はなの名前でもあった。九団次は、可愛いがっていた息子の初舞台に合わせた役柄を考えていたのだろう。また、端役とはいえ若い女形の誕生は評判が良かったようだ。雷蔵は「この公演で生まれて初めての給料五百円を頂戴した」と書いていて、ともかくにも歌舞伎役者として上々の出発を飾った。また、翌年の二十二年六月の南座「大歌舞伎」でも酒屋の娘おはなで出ており、二代目左団次と共演している。

『雷蔵、雷蔵を語る』（飛鳥新社、一九九五年）はとても貴重な一冊である。自身を多く語らなかった雷蔵が書いたエッセイを集めたものだが、この初舞台について、またその後も短く語っている。

とにかく、そのまま惰性的に歌舞伎俳優になってしまった私だったが、もとより名門の出でもないままに、発憤して勉強するようなよい役がつくはずもなく、依然のらりくらりと最初の数年を送ってしまった。(「私の秘密」)

私をこの世界にひきこんだものは、なんとなく父の芝居を見に行っているうち、私はなすこともなくぶらぶらとしていることに耐えられなくなったというより、そういう私を鞭打ってくれた私自身の潔癖からといえましょう。(「私の愛と生活の条件」)

いささかふて腐れたような、不満たっぷりの言い様。華やかな初舞台ぶりを想像する向きには裏切られる発言だろう。しかしながらこの当時、鶴之助を名乗っていた富十郎も父の先代富十郎に、扇雀《せんじゃく》(後に坂田藤十郎)も父・翫雀《かんじゃく》(二代目鴈治郎)に、また嵐鯉昇《りしょう》(後に映画スター北上《きたがみ》弥太郎)も父・吉三郎と口をきくのさえ難しく、さらに直々に教えを乞えないという時代だった。

初舞台を飾ってもこの当時の三代目延蔵はまだまだ〝のらりくらり〟としていたのだった。

本心から歌舞伎俳優になりたかったのか？［七不思議 第一］

昭和六年（一九三一）八月二十九日生まれの雷蔵の初舞台は同二十一年十一月、十六歳になる前の時。歌舞伎俳優、中でも御曹司は十歳前に初舞台を踏ませるのが慣例だからやはり遅かったと言える。

たとえば現代の俳優で言えば、同年生まれの故・坂田藤十郎は十六年十月、七年生まれの沢村田之助が十六年三月で四年誕生の故・五世中村富十郎は十八年八月だ。雷蔵とほぼ同時期に初舞台デビューをしたのが松本白鸚《はくおう》の二十一年五月、故・片岡秀太郎が十月、市川猿翁が二十二年一月、市川左団次が五月である。一歳年下の盟友・坂東竹三郎の場合は二十四年五月。雷蔵は養子の身分、御曹司ではない竹三郎も遅かった。仮定の話をしても仕方ないものの、もし雷蔵が長命なら彼ら同世代のような活躍、素晴らしい舞台を見せた、と思う。運命の悪戯だろうか、その遅すぎたデビューが長く彼に影を落とすのである。

そこでだ。雷蔵は本心で歌舞伎俳優になりたかったのだろうか。私はこの著書で〝雷蔵の七不思議〟という設問を解こうとしている。その第一が、なぜ歌舞伎の道を選んだのかである。それは誠の心だったのか。

「わてが喋るの、ここで?」などと答えてくれそうな京都弁の雷蔵への生インタビューはもはや叶わない。
そこで手がかりとなる一つ、自筆手記「私の秘密」は昭和三十一年の『平凡スタアグラフ』に掲載されたものだ。
ここで時代を一気にさかのぼろう。中学を退学し、終戦を迎えた頃だ。

依然として勉強をやりなおす気持もなく、全く何の目的もなく家で遊んでいた。することもないままに父(養父・九団次)の芝居をよく見に行ったが、やがてなんとなく芸能界に対しても興味を持つようになった。ちょっとぶって書けば、なんとなくという気持は、やることがなかったからということから生ずるものでなくて、なにもしないでいる生活に、多感な青春前期に当面していた自分を、怠惰な習性になることを怖れた、まだ心の底にあった潔癖性が鞭打ったのだと思う。

そして次のようにも告白していた。

私が歌舞伎の舞台を踏むに至ったのは、何かよんどころのない理由があったように書かれているが、実際には何もそんなむづかしい理由があった訳ではない。

もちろん、将来演技者として芸界に立つというような確固たる意志があった訳でもなく、全くただなんとはなく初舞台なるものを踏んでいたのである。

さらに初舞台後も「とにかく、そのまま惰性的に歌舞伎俳優になってしまった私だったが、もとより名門の出でもないままに、発憤して勉強するようなよい役がつく筈もなく、依然のらりくらりと最初の数年を送ってしまった」と、先にも書いたように正直な感想と現状を吐露していたのである。

ところで、雷蔵の夢と言えば、大阪市立桃ヶ丘小学校時代は医者志望、大阪府立天王寺中学の時なら海軍士官を夢見ていた。従って養父の跡を継いで歌舞伎俳優になろうという意思はなかったのは本音だろう。

雷蔵は二十四歳の時、評論家・大宅壮一と対談をしていた。初対面の大宅が「いたっておおらかで、モダンな感じだ。カブキの伝統の中で育った人のようでないですね」と会った印象を語り、また、当時の青年と同じような感じを受けたらしい。その後だ。

「ボクみたいに八年ぐらいでは、なかなかカブキの世界にはなじめませんからね。ボクが中学校へいってたときは、市川九団次の子、いちおうカブキ俳優の子でしたけど、カブキ俳優になろうと思いませんでした。そのときは戦時中で、役者の子といわれて、いやな思いしました。どういう縁でこういうことになったのか、自分でも不思議なんです」(「大宅壮一のおしゃべり道中・道連れは市川雷蔵」『娯楽よみうり』一九五六年三月二日号)

最初の養父・市川九団次については後に詳細するとして、映画界入りする前に歌舞伎俳優の活動をしたのは僅かに八年だ、と雷蔵がきっぱり語っていたのが興味深い。なんとなく役者になっていた、というのが正解なのだろう。

「のらりくらり」は演技だったのか?［七不思議 第二］

ここで、第二の謎に進んでみる。「のらりくらり」は果たして本当なのだろうか? 演技だったのではなかろうか?

「どっちがほんとなんや」と、これは雷蔵の口癖の一つ。「違いまっせ」というのもある。また、「ほな、喋らしてもらおか、エヘン」と答えた時もあった。人を食ったような言い回しに思えるし、しかもそれが自然な態度だったから人々の意表を突いていったらしいのである。

若き日の一時期、あだ名が〝なまこ〟だった。

歌舞伎俳優・市川小金吾の証言が残っている。小金吾は二代目市川小太夫の門人だが、後に師匠の俳名である市川青虎を名乗り、平成十八年（二〇〇六）十二月十七日に他界している。雷蔵とは十五、六歳という子供の頃からの付き合い。「つくし会」の仲間でもあった。

「歌舞伎再検討公演」という、いわゆる評論家の武智鉄二《たけちてつじ》が主導した〝武智歌舞伎〟へ、ともに加入した昭和二十四年の頃である。

「あの頃、雷蔵君にとって一番成長した時期じゃなかったのかな、役者としての基礎を築いたという意味で。嘉男ちゃん——ぼくらは芸名で呼ばないいんです——は、それまでノラクラしていたんで、〝ナマコ〟ってあだ名を付けられていたんだけど、武智さんに活入られた結果、寿海さんの養子になった上、あんな役者になるとは思わなかった」

これは石川よし子編、一九九五年発行の『市川雷蔵』（三一書房）の中のインタビュー。

小金吾らが悪ふざけのなぶり者のようにしても雷蔵はそれを甘んじていて「半分アホみたいな感じ」だったと何とも酷い仕打ちの秘話を明かしてもいた。海鼠という生き物は、体表は柔軟、行動は不活発でゆっくりと這う棘皮《きょくひ》動物。食べる際、塗り箸で挟むのが難しいことのたとえになるが、捉えどころが容易ではない性格だったのだろう。

前に紹介した坂東竹三郎もこう語ってくれた。

「なまこ？　キリリとしていないからね。女々しいのではないけど、クニャクニャしている。『あんた、どうする』とか『こうせんと』『ボクはこう思うけどなあ』などと、パパッと言わない子だったから」

作家・村松友視は『雷蔵好み』（ホーム社、二〇〇二年）の中でこう書いた。

自分が、一般の人々に向かって言っているセリフの〝きれいごと〟を、どこかで照れて、うしろめたく感じているようなセンスが、雷蔵という人にはあるという気がする。しかし、〝日和見的〟〝のらりくらり〟〝もう一人の自分〟がまったくの虚構であり、変装であり、ポーズにすぎないかというならばそうではなく、それもまた雷蔵の本質であるということを、彼自身がもっともよく知っていたのではないだろうか。

繰り返しのようだが、昭和三十一年の自筆手記「私の秘密」から三年後の三十四年、『若い女性』三月号に雷蔵が書いた文章「私の愛と生活の条件」を紹介しよう。二十七歳の時である。

今でも私という人間のなかには、のらくらとしていたいという怠惰な気持がないとはいえません。それを鞭打ってくれるのは、わずかにまだ私のなかに残っている潔癖だとおもっています。

確かに彼の本質（怠惰、潔癖）が肚の底にある性格・性質となったと見るが、私は一つの仮説を立ててみた。

それは……。〝のらりくらり〟といった振る舞いや演技とは実は敵を作らない自己演出だったと。一般家庭に生まれ、名門とは言えない歌舞伎の家に養子に入って役者となった自分がどう生きるか。洞察力を磨き、丸く収まる手法を考え抜き、竹三郎に接近した如く味方を探して仲間を作る。〝のらりくらり〟は一世一代の名演出、名演技だったと思うのである。

意欲の萌芽

やがて莚蔵にも自覚が芽生えてきた。その芸名の「莚」である針の莚《むしろ》には耐えきれない意欲の目覚めであった。

ここで、あまり世に知られていないエピソードを書く。意欲の萌芽と思えるからだ。

その一。昭和二十年三月十三日の深夜から始まった米軍による第一回大阪大空襲などで焼け出され、京都に移住した五代目中村富十郎（当時・坂東鶴之助）が同年八月十五日、終戦の玉音放送を聞いたのは四条橋のたもとにある交番のラジオだった。

「交番の巡査から『日本は負けたんだ』と聞いたとたん、歌舞伎への信頼感みたいなものがガタガタとくずれた」という。時代の激変を肌に感じれば感じるほど、それまで自分なりに考えていた歌舞伎の精神的な支えが消えていくのだった。さらに、雷蔵（莚蔵）らと歌舞伎の将来について話し合って、役者をやめようと思ったこともあるが、立ち直ったのが武智歌舞伎だった。これは昭和四十五年十一月の『東京新聞』の連載企画「カブキ昭和一ケタ派」で市村竹之丞時代の富十郎が答えたものだが、当時の若手に共通する本心であろうし、莚蔵にしても同様の感情があったと想像できる。

その二。ここからは坂東竹三郎から直接聞き出した証言だ。竹三郎は「恐らく誰も知らない秘話でしょう」と語った。

同じ終戦の年、昭和二十年十二月だった。竹三郎、その時十三歳。十代目嵐雛助に入門仕立てでまだ芸名もない本名（岡崎正二）の頃である。

京都は京極三条の近く、今の松竹座の隣に「京都座」が芝居を掛けていた。南座以外で歌舞伎が掛かるのはここだけだった。この月は雛助、四代目翫雀（二代目鴈治郎）をはじめ扇雀（坂田藤十郎）、そして莚蔵の養父九団次も出勤していた。莚蔵も竹三郎も師匠の後ろに付いていた時代だが、まだ面識はない。幕が開いて三日目の頃の中旬だったという記憶。


「何気なく楽屋で、『あんた、体あいてる？』と彼から声をかけてきた」


これが初めての出会いだった。さらに続けて言ってきたのが「『ども又』やってるから見に行かない？」という誘い。菊五郎と梅玉が南座に出ているから「見に行く？」という再度の誘いに即座に竹三郎は同意したのだった。

間違いなく、この年の京都・南座の顔見世興行に『傾城反魂香』（ども又）が掛かっていた。又平・六代目菊五郎、おとく・三代目梅玉、雅楽之助・二代目松緑、土佐将監・八代目訥子、修理之助・十五代目家橘（後の十六代目羽左衛門）という配役。

「彼はすでに時間を調べていて、行ったところ席がなく、二人は立って見ていた。彼は九団次の子供、とは言っていたが役者だとは言っていなかったですね。しかし、勉強心があったと思う。見終わって帰ったら舞台が終わっていて（雛助から）『ダメだ、お前は！』と叱られた。彼もきっと怒られたんではないかな」

菊五郎に憧れていた莚蔵は一緒に見る仲間を必死に探していたのだろう。十四歳と十三歳。一歳下の竹三郎は格好の相手だったと思われる。

ところで、竹三郎だが、翌年の二十一年一月、ようやく名前を貰った。嵐雛正《ひなしょう》。歌舞伎俳優名鑑などには、四代目尾上菊次郎の弟子となって二十四年に初代尾上笹太郎を名乗り、初舞台を踏んだとされている。だが実際は違っていた。「あえて申請する気もないので」と鷹揚な人柄なのだ。最初に門弟となったのが十代目嵐雛助。雛助自身も関西に移って五年、襲名してまだ三年目。その師匠の下で初めて名乗ったのが雛正である。

「実家は床屋でしたが、お芝居をやりたいと親に話した。中学を中退した昭和二十年の十一月でした。親は、どうせなら歌舞伎の世界で住み込みでないといけない。大阪では四代目富十郎さんが人気だからと話は付いたのですが『戦後すぐに家が焼けて住み込みは出来ない』とお断りがきて、伝《つて》はなかったのですが紹介してくれた人がいて人気全盛時代の雛助さんのお世話になりました」

その後、菊次郎の名前養子となって四十二年、五代目竹三郎を襲名するのだが、奇妙な出会いから始まった雷蔵との絆は続いた。雷蔵の初舞台『中山七里』でも丁稚の役で出演していた。おはなを演じた雷蔵は「綺麗な子だけど何となくボーッとしていた子だから。初舞台で必死だったと思いますよ」。さらに、若手の勉強会「つくし会」、富十郎も参加した関西歌舞伎へと共に加わり、後に紹介するが、その際の隠された二人の友情も初公開してくれたのである。

さて雷蔵だが、初舞台を終えてからでさえ与えられる役といったら、たとえば翌二十二年二月の南座で祇園の芸者、同座の五月が侍女や芸者、六月は初舞台の『中山七里』で演じたと同じおはな。その後も腰元とか女中、長屋の娘、仲居といった役ばかり。歌舞伎の世界ではまだ若い頃には女形を演じるのが勉強の始まりであり、先行きに立役へ進むにしても女形になるとしても、主役の芝居をじっくりと見て覚えるのが修業ではある。しかし、初舞台の後、地方巡業を共に廻った竹三郎は言う。

「鶴之助（富十郎）さんのまるで凄いファンみたいに思っていたようで、一《はじめ》さんと本名で呼んでいた。しょっちゅう、『一緒に舞台に出たい出たい』と話してましたね。気が合うようでした」

芝居心の虫がふつふつと動き始めた十八歳の青春期。女形から舞台に立った蓮蔵だが、自ら先頭に着く「つくし会」の結成が迫っていた。

つくし会結成

竹三郎との運命的な出会いから半年後、蓮蔵を名乗って昭和二十一年十一月に初舞台を踏んだのは既に書いたが、竹三郎によればそれからしばらくして雷蔵が〝始動〟した。

初舞台の後、翌二十二年二月まで舞台の出演が続いているから空白の五月までの期間、あるいは九月から師走までの間、秋の頃かもしれない。

「みんな、勉強会をやらへんか！」
雷蔵は一人一人に声を掛けた。

やがて、これではいけないと気づくようになった私は、私同様役のつかない二十代の若い人たちとともに、『つくし会』という研究団体を作り、最初は脚本の朗読会から始めていった。嵐鯉昇（北上弥太郎）君と私とが幹事を持って、会計から企画からすべての役を引き受けて奔走した。（「私の秘密」）

尾上笹太郎（竹三郎）、中村扇駒、中村紫香、中村太郎、嵐冠十郎、中村富尾《とみお》、中村雁之丞（桜彩）、片岡富久治、市川小金吾（青虎）、嵐獅道、市川謹也（蝙蝠）、実川延蔵、嵐鯉昇、中村円三郎（雁之丞）、そして市川筵蔵（雷蔵）……。紫香は二代目中村霞仙の子息で二代目、太郎も二代目でリーダー格だった。資料や証言には相違があるが、参加した若い俳優は十人とも十五人ともある。竹三郎の記憶では十五人か十六人だったのではないかという。

雷蔵が発起人の「つくし会」は大阪・千日前にあった千鳥屋の二階に集まった。歌舞伎座の正面、今のビックカメラの辺りに建っていた千鳥屋は茶屋商売か何かをやっていた自宅を改装したものの、既に商売を続けてはいなかったようだ。竹三郎によれば寿美蔵（後の寿海）の御贔屓《ごひいき》らしい。ここを借りて発会前の相談をしたのである。

「お金がかからないように、配役は皆が寄って『あんた、これやる』、『どうする？』と皆、必死でしたねえ」と竹三郎は苦笑した。この寄り合いの時、彼ら若者は〝冒険者〟となったのである。

ところで、実は千鳥屋に集まる何日か前、「話があるけんどな」と竹三郎は雷蔵に声を掛けられて歌舞伎座裏の喫茶店で相談をしていた。覚えているのは「その時の珈琲の苦かったこと」くらいだという。この秘話もほとんど知られていない、と思われる。

ここで前に紹介した大宅壮一との対談『娯楽よみうり』から見よう。

大宅「つくし会は勉強になったでしょう。どのくらいやられたんですか」
雷蔵「二年ほどやりました。ときどき集まって……。朗読会なんかで脚本を読みました」
大宅「そのときは指導者はいましたか」
雷蔵「いま父になってます寿海も、そのひとりでした」
大宅「寿海さんが指導者だったのですか」

雷蔵「別にきまった指導者はなくて、ある脚本をとりあげる場合、そのときどきに応じて、それを体験している先輩に演じてもらう。そういうやり方をしているうちに武智カブキができて、若い人が集まってやったわけです」

折に触れて引いている『若い女性』の「私の愛と生活の条件」での雷蔵だが「『私は、ひとりだ。ひとりで市川雷蔵という人間を築くのだ』と、二十歳ぐらいの時から考えてきました」と述懐していた。二十歳と言えば雷蔵襲名の頃。のらりくらりのなまことは思えない若気の血気が燃えていたのであろう。

声を掛けてから勉強会を続けていた「つくし会」が発足してから、いよいよの第一回公演は昭和二十四年五月二十二日、場所は千鳥屋。朗読形式の脚本と言えば「対面」(『寿曾我対面』)、「竹の間」(『伽羅先代萩』)、「勢揃い」(『白浪五人男』)だった。

貴重な資料のコピーを頂いた歌舞伎脚本家・演出家・奈河彰輔さん(本名・中川芳三)の調べによれば、筵蔵は「対面」の曽我十郎。他に笹太郎、鯉昇、紫香、太郎の名前も載っていた。

ところで先に雷蔵が触れているように、この発足の前に行われた朗読会というか本読み会には演劇評論家・演出家の武智鉄二が呼ばれていたのである。友人に誘われて、まだ戦災後の焼け跡のビルへ聞きに行ったという武智。

「対面」をみんなで読んで、筵蔵の役は、十郎だった。このとき、はじめて雷蔵の声を聞いたのだったが、天来の美声というか、その整ったイントネーションに、すっかり魅せられ、彼は私にとって忘れられぬ役者になってしまった。（武智鉄二著『三島由紀夫・死とその歌舞伎観』濤書房、昭和四十六年）

既に触れたのだが、後に筵蔵を始めとする「つくし会」は、武智が主導した俗称〝武智歌舞伎〟、正式名称「歌舞伎再検討のための公演」に合流することになる。この頃には雷蔵自身、歌舞伎役者への道に進む覚悟を決めたと思える。

「つくし会」発足に当たってはさらに次のような裏話も残っている。演劇評論家の重鎮・三宅周太郎の対談集『芸能対談』（昭和二十五年）の中で、松竹の白井松次郎会長がこう語っている。

会長「あ、それには丁度よい話があります。先日鯉昇、太郎、筵蔵などの若手が『つくし会』といふのをこしらえて、私にその発会式に何かいってくれ、といって来た。その会が出来たのは、去年中座で『すしや』が出た時、梶原について出る四天王が、せりふが如何にもまづくて困った。それで今度の『盛綱』の四天王でも、前の時にこりてゐるので、古都薪左衛門や、竹の下孫八にしゃべらせて、『唯々お目出度う』の件だけよりいはせなかった。それで若い連中がこれはと思って、そんな会を遣《や》って勉強をし出したわけ。そこで私は日比君を代理に出して、芸はふだんが第一で、急に会を造って勉強するより、平素を勉強せよといはせておいた。まあ心がけは結構な勉強会故に苦言を呈しておいたが、芸の勉強はふだんが肝腎です」

中座の公演とは昭和二十三年六月の大阪中座での東西合同公演。雷蔵は『義経千本桜』に梶原四天王で出演していた。しかしながら、『盛綱』の四天王については記録はない。発会式の発足に当たっての挨拶にしても、また発会式が実際に行われたのか、その時期も定かではない。二人の対談から推測するならば白井会長は「つくし会」の行く末について は半信半疑だったようだ。それでも第一回公演から旗揚げした「つくし会」の若者は〝春のめざめ〟を迎えて突進していった。

人気投票、大躍進

狼煙《のろし》を上げた「つくし会」は発足第一回公演を昭和二十四年五月二十二日、千鳥屋で敢行した。朗読形式の上演演目は「竹の間」と「対面」「勢揃い」。「竹の間」は『伽羅先代萩』二幕目、「対面」は『寿曾我対面』、「勢揃い」は『弁天娘女男白浪』通称「白浪五人男」の四幕目。雷蔵はまだ筵蔵の名で「対面」の十郎に出ていた。

八月二十六日に開かれた第三回（千鳥屋）では『籠釣瓶花街酔醒』『修禅寺物語』をやはり朗読形式で行い、『修禅寺物語』には雷蔵は頼家、太郎が桂、笹太郎が楓、小金吾が夜叉王に配役されている。

演劇雑誌『幕間《まくあい》』の同二十五年一月号に特集が掲載された。「昭和二十四年度若手人気俳優（幕間第二回歌舞伎若手人気俳優）」である。昭和二十一年に創刊（五月号）された『幕間』は和敬書店の関逸雄、井上甚之助らが同人で、当時、権威がある月刊雑誌だった。

雷蔵はこの若手人気俳優の投票で「西」の部で八位に入った。投票総数一五五一票の中のわずかに八票。しかしながら「よかった役」に「修善寺」の頼家、「対面」の十郎、「源太勘當」の源太が挙げられ、また、「させたい役」として「血判取」の木村長門、「和田合戦」の板額、「鏡山」の尾上、「炬燵」のおさんが並んだ。観客が少なかったと思われる「つくし会」での役が評価され、「つくし会」の仲間で唯一、入選した。一方で女形の役柄を期待する声が多いのも面白い。なお、『幕間』ではすべて「修善寺」と表記されている。

ちなみに一位は二〇二票獲得の坂東蓑助（後に八代目三津五郎）、二位が一四三票の片岡我當（後に十三代目仁左衛門）、三位が一三九票の（二代目）中村鴈治郎、四位が六三票の坂東鶴之助（五代目中村富十郎）、五位が三二票の中村扇雀（坂田藤十郎）。そして「東」の一位が中村芝翫（後に六代目歌右衛門）、二位は市川海老蔵（後に十一代目團十郎）、三位が片岡芦燕（十四代目仁左衛門）である。綺羅星の如き名優たちが揃っているではないか。

ところで、どうだ。雷蔵は翌昭和二十五年度の同じ人気投票（二十六年一月号）の「西」でいきなり一位と大躍進したのである。

一位・市川筵蔵（一六四票・総数一六一六票）、二位・片岡我當、三位・中村鴈治郎、四位・坂東鶴之助、五位・中村扇雀。見事、ライバルたちを蹴落としていた。

「よかった役」を見ると「妹背山」の求女《もとめ》が一〇二票で「勧進帳」の義経が五三票、「野崎村」の久松が五票、「淀の秋」（町娘おえん）が四票という結果だった。これを詳細にすると求女は五月・大阪文楽座での武智歌舞伎公演、義経が十二月・大阪歌舞伎座の武智歌舞伎公演、久松は前年の二十四年十二月・大阪文楽座での武智歌舞伎公演、「淀の秋」のおえんは十月・京都南座・東西合同公演だった。
「させたい役」に目を移せばどうだろう。「修善寺」の頼家、「忠臣蔵」の判官、「太十」の重次郎（『絵本太功記』の十次郎）、「鈴ヶ森」の権八、「廓文章」の伊左衛門、「鏡山」の尾上、「先代萩」の勝元、「忠臣蔵」の力弥となっている。役柄と言えば娘役といった女形が減っており、代わって若衆、匂い立つような色男の二枚目という立役への期待がグッと膨らんだのが分かるだろう。

ここで興味深い資料を紹介しよう。昭和二十五年七月号の『幕間』に掲載された「関西若手歌舞伎座談会」である。同五月・大阪文楽座での武智歌舞伎公演を終えての座談会。筵蔵、鶴之助、小金吾、太郎、鯉昇、延二郎（後の三代目実川延若）といった「つくし会」のメンバーも参加し、関逸雄が司会を務めた。長文となるが、紹介する。

鶴之助「武智先生のおっしゃる写実は丸本から来るところの写実――つまり丸本に忠実であると云う事で……」

筵蔵「それに、鶴之助さんや延二郎さんは本興行でも役をしていられますが、太郎君、鯉昇君にしろ、私にしても本興行では役らしい役をさしてもらっていませんし、実験劇場で始めて大役がついたのですから、全然比較も何も出来ないのです」

小金吾「武智先生は少し理屈っぽく過ぎはしないかと思いました。武智先生は十のところを十まで理屈づめで演出されます。もう少し夢を残してほしいと思います」
太郎「東京に対して関西の特色ある歌舞伎が残される必要があるから、筵蔵君は今度の求女も評判がよいのだし、その方面に進んだらよいと思ふがな」
筵蔵「僕は女形とか、でれでれしたのがきらいなんです」
鯉昇「何云ってるんだ。平生はデレデレしてるくせに（笑）僕は関西の芸風にそうしたものを是非残したいと思ふな」
関「今後の役への希望、たとえば忠臣蔵が出た時――」
延二郎「僕は絶対師直！」
鯉昇「由良之助、若狭と云ったところかな」
筵蔵「僕は先程も云った様に女形は絶対イヤです。二枚目で行きたいので、勘平、判官がしたいです」
映画出演は一同「出たいと思います」

この時期、「つくし会」は武智歌舞伎こと「関西実験劇場」に参加していた。その武智歌舞伎との経緯は後述するが、雷蔵は人気投票の好結果を踏まえてか、歌舞伎役者としての意欲、自信が大いに芽生えているのがこの座談会での発言で分かるだろう。だが……人気投票の順位は、徐々に後退してしまったのである。

雷蔵襲名、寿海の養子に

莚蔵は雷蔵となった。八代目市川雷蔵の誕生である。襲名公演は昭和二十六年六月、大阪歌舞伎座の東西合同公演だった。しかしながら雷蔵を襲名したこの披露の前に、彼の運命をガラリと回転させた重要な出来事が起きていた。歌舞伎の名門、市川寿海と正式な養子縁組を終えていたのだった。

養子縁組については意外に早くから噂になっていたようだ。昭和二十六年六月号の雑誌『幕間』が「幕間新聞」という記事の中の「寿海の養子になった市川莚蔵丈」の見出しで自慢げにこう記していた。

「本紙が逸早く報道した通り関西若手の花形として近ごろめきめき頭角を現わした市川莚蔵と寿海との養子縁組の話はその後順調に進行し、四月三十日、大阪笠屋町の白井本邸で信太郎氏夫妻を仲人に芽出度く固めの式がとり行われた。この披露は大阪歌舞伎座の六月興行で行われるが、これと共に莚蔵には適当な名を詮衡中で、最初新蔵との説もあったが

三代目市川寿海襲名披露時（昭和26年7月）**と思われる一枚**　中央が寿海、右は七代目市川寿美蔵、左が八代目市川雷蔵である（写真提供：松竹株式会社）

結局市川雷蔵に落着く模様」。寿海と二人の写真付きで報道されている。

白井信太郎は松竹を創業した大谷竹次郎と双生児の兄弟である白井松次郎の弟で三男。松竹副会長兼日本ドリーム観光（千土地興業）会長などを務めた人だ。この縁組に当たり、白井信太郎が世話をしていた水谷奈良次郎という人物を最初の養子先である市川九団次への説得役にした、というのが松竹演劇本部顧問や明治座監査役を歴任した廣田一さんが私とのインタビューで答えてくれた裏話。九団次については後述する。

雷蔵自身の報告が雑誌『幕間』（昭和二十六年七月号）の「幕間随想」に「ご挨拶に代へて」として載っている。


このたび養子として市川壽海さんの家に入り、同時に市川雷蔵の名を襲がせて頂きましたがそのことにつき色々の方面から御後援やお祝詞を頂き心から感謝してをります。この話は去年の十二月、名古屋の御園座へ参りました時に出ましたのが最初で、白井千土地社長さんの御斡旋で纏まったのです。固めの式は四月三十日、故白井さんのお宅で挙げ、六月一日に戎橋のオメガハウスで披露して頂いたのでした。御存知のやうに父九團次も新しい父も、共に左團次さんのお弟子ですし、今度のことも何か前々からの因縁のやうに思はれて仕方がありません。

これに続いて雷蔵の歴代俳優の紹介と襲名披露狂言も明かしていた。さらにこう書いている。

将来は、女方もしたくないといふわけではなく、現に今月も『少将滋幹の母』に女方で出てゐますが、自分としては斯うして市川家へ入れて頂いたのですし、父（壽海）の藝風をついで、立役で進み、父を始め先輩の方方の御指導に依つて、父の名を恥かしめない立派な俳優になりたいと念願して居りますが、それには並み大抵の努力では追付かないことも分つてをりますので、一から出直して勉強するつもりでゐます。今後とも尚ほ一層のご鞭撻を仰ぎますやう、幾重にもお願ひ申上げます。何卒宜しく。

雷蔵にとって寿海のような色男の二枚目という立役への期待がグッと膨らんだのが分かるだろう。

三代目寿海の芸風は朗々とした声の名調子と二枚目の容姿で十五代目市村羽左衛門の当たり役を受け継いだ格調の高さだろう。雷蔵の高揚したような挨拶の中には、立役として将来は寿海の名を継ぐという淡い夢もあったのだろうか。

寿海と妻らくの間には子が出来なかった。寿海はこの同じ「幕間随想」で思いを述べていた。

始めに私事を申すのも何ですが、どうしたものか私ども二人の間には子宝が恵まれず、寂しい思ひを続けて参りました所、こんど白井信太郎社長さんを始め皆さま方のお力に依り武内さん（九團次）の方と話が纏り、筵蔵君を養子に迎へることになりました。こんな嬉しいことはございません。斯《こ》うして武内さんの秘蔵つ子を私どもの方へ迎へました以上、これを益々立派な俳優に育て上げますことは、もとより私共の責任でございますが、幸ひ本人も大いに藝道を励みたいと申して居ります。どうぞ私にも増して筵蔵改め市川雷蔵を御鞭撻御引立て下さいます様、お願ひ申上げます。

出生の秘密

寿海夫妻の養子となり、筵蔵は雷蔵を襲名した。その披露舞台を書く前に最初の養子縁組を結んだ市川九団次夫妻との経緯に触れる。歌舞伎役者への道に進む運命的な第一歩であり、出生の秘密を巡って翻弄された雷蔵の性格形成を知る〝鍵〟になる。

雷蔵は昭和六年（一九三一）八月二十九日に誕生した。生家は京都市中京区西木屋町神屋町。父亀崎松太郎、母冨久《ふく》。実の両親である。その長男。章雄《ふみお》と命名された。一人っ子だ。

九団次夫妻には子供がなかった。養父三代目市川九団次、妻はな（ハナとも）。生まれて六か月目に、襁褓《むつき》に包まれてその歌舞伎の家に貰われた。「むつき」とは初生児に着せる産衣である。

もとより私は、みずから運命論者だとも、また迷信家だとも思っていない。

しかし、私の出生当時の状態から、現在あるような市川雷蔵としての境遇に立ち至るまでの数奇な経路を振り返ってみるとき、そこに何か目に見えない、大きな運命の糸に操られてきたような、一種の神秘をしみじみ感じないではいられない。

まず、私の出生そのものに秘密があった。

これは昭和三十一年の『平凡スタアグラフ』に掲載された自筆手記「私の秘密」である。

「〃うちも、こないなかわいい赤ちゃん、生んだことがおますねん。そやけど、半年たつかたたずで、ほかの家へあげてしもうた。取りあげられてしもうた。その子が、いま役者で成功しとる市川雷蔵、あの雷蔵どす！〃となあ……」

こちらは実母・中尾冨久さんの告白である。昭和四十四年八月二十三日発行の『女性自身』に掲載されていた。雷蔵は亡くなったと言われていた冨久さんと同四十一年に三十五年ぶりに劇的再会を果たす。しかし、その再会は後述するとして、まず『女性自身』に載った告白を詳細しよう。

冨久さんが告白した相手は吉田与一さん。冨久さんは、吉田さんの妻の伯父、つまり亀崎松太郎に嫁いだのである。

吉田さんは冨久さんから臍の緒書きと一枚の写真を預り、臍の緒書きを包んだ和紙にはこう書かれていた。

「昭和六年八月二十九日午前四時十分出産　　仮の名、章雄　父、亀崎松太郎　母、中尾冨久」

そして写真の裏にはこうあった。

「昭和六年八月廿九日、日ノ出ニ生ル。中尾冨久の長男。章雄ト名付ケル。祖父祖母、皆、蝶ヨ花ヨト喜コビ育テテヰタリシガ、突ジョ引取リニ来テ、ツレカエリマシタ。

コレワソノ為ノ記念撮影シマシタ。撮影シタ日、一月廿九日。カエッタ日ハ七年一月卅一日（原文のまま）」

雷蔵誕生の日、「夏の朝日が、ようやくさしそめる時刻。元気な産声が、産室いっぱいにひびいたとき、冨久さん二十歳。若い母は、あふれる涙で頬をぬらした」と記事にある。冨久さんと結ばれた松太郎は当時サラリーマンだったが、結婚して半年目に奈良の兵営に入隊。この時には雷蔵が宿っていた。残された新婚早々の彼女は亀崎家から白い目で見られていたという。そして、実家に帰っていた時、亀崎家から突然、使いの人が来た。松太郎のすぐ上の姉、養母となったはなが「九団次の養子として貰い受けたい」という相談を持ち込んだのだった。

両親の説得を泣く泣く受け入れた冨久さん。よく晴れた昭和七年一月三十一日。伯母であるはなが引き取りに来た日、雷蔵の人生が急回転したのである。

ところで雷蔵の姓名だが、誕生の際に実の両親が命名したのが（亀崎）章雄、次に生後六か月の時に養子に入った九団次家では竹内嘉男と変わり、二度目の養子となった市川寿海家で太田吉哉《よしや》と改名している。

先に書いた章雄《ふみお》とあるのは、誕生直後の読み方で、その後に「あきお」と呼ばれるようになった経緯は不明である。

九団次という俳優

最初の養子先が市川九団次夫妻になった雷蔵。そこは歌舞伎の家だった。では、九団次とはどんな歌舞伎俳優だったのか。九団次の経歴や俳優人生の道程を調べるにつれ、驚くほど雷蔵との共通項を知らされ、さらに雷蔵を第二の養子先へ出す、身を切るような苦渋の選択が分かるのである。

明治二十六年（一八九三）九月四日、京都生まれの九団次の生家は九条の針工場で、名鑑『戦後歌舞伎の俳優たち』によれば父親は市会議員を務めた竹内嘉作。本名は竹内、後に亀崎嘉三。歌舞伎俳優の血筋ではなかった。

役者に憧れて十七歳の時に上京した彼は、浅草駒形にあった蓬莱座で初舞台を踏み、市川九太郎を名乗っている。その後、二十歳の時、二代目市川九団次の養子となり、大正三年（一九一四）八月から二代目市川莚蔵と改名していた。後年、この莚蔵の名を雷蔵に三代目として襲名させたのである。一般家庭からの梨園入り、さらに決して名門とは言えない歌舞伎の家への養子という経緯は雷蔵とそっくりではないか。

二十五歳の時、二代目市川左団次の一門に加わっていた。ようやく名門の一座に入って運をこじ開け、莚蔵と名乗ってはじめて故郷の関西に戻った。だが、実は上方色が濃い芸風が東京に於いては人気が得られなかったらしい。地元に帰ってからは組織されて間もない青年歌舞伎（青年劇とも）に加入。青年歌舞伎は中村扇雀（後に二代目鴈治郎）を中心に京都新京極の歌舞伎座で旗揚げし、その後、京極の明治座に移っている。

大正八年から同十二年まで足掛け五年間続いたこの一座には映画スターとして活躍した市川右太衛門（当時・右一）がいた。さらには『鴈治郎の歳月』という坂田藤十郎の著書では長谷川一夫が林長丸、嵐寛寿郎が嵐徳太郎の名で出ていたという。八年の替わり興行で莚蔵の舞台を初めて見た佐々木滋寛（博多演劇くらぶ同人）の感想が、昭和三十年（一九五五）十二月の雑誌『幕間』に載っている。

『双蝶々曲輪日記《ふたつちょうちょうくるわにっき》』の八段目「引窓」で売り出し中の扇雀が南与兵衛。濡髪長五郎を演じた莚蔵を「テキハキとした演技が印象に残つている」と書いた。また、左団次の高島屋一門出身で、新しい芸風を持っていたとも書いていた。一方で同じく昭和三十年十二月号の雑誌『演劇界』で高谷伸は、女形の地味な役から立役に転じた莚蔵についてこの五年間が一番華やかな時期だったと評価している。

ちなみに仮定の話をすれば、雷蔵が養父九団次からこのまだ若き日に挑戦した青年歌舞伎時代の思い出や映画界に転じた彼らスター俳優の逸話を教授されていたとするなら、雷蔵の後年の「つくし会」創設、映画界への転身を重ねられて胸躍る思いがする。

莚蔵は昭和三年二月、大阪中座「市川斎入十三回忌追善興行」で『恋の湖』の伝八を演じて三代目市川九団次を襲名した。時に三十五歳。初代中村鴈治郎が口上を述べたのである。初代鴈治郎は扇雀の父。「頬かむりのなかに日本一の顔」と句に詠まれた花のある二枚目役者で、この当時も〃大阪の顔〃とまで呼ばれる人気があったから、莚蔵にとって身に余る晴れの襲名だったに違いない。

九団次は昭和三十年十月二十六日、六十二歳の生涯を終えた。先に書いた『幕間』が同十二月号で一九行のベタ亡者記事を載せた。

関西歌舞伎の脇役として活躍していた市川九団次はアメリカに渡り歌舞伎を指導する為に色々と準備していたが、動脈硬化症のため京都府立病院で療養中、十月二十六日死去した、六十二歳。

京都生れで十七歳の時東京浅草駒形蓬莱座で初舞台を踏み、二十歳の時二代目九団次の養子となり延蔵と改名、二十五歳の時先代市川左団次の門に入り後関西に移り、三十五歳の時大阪中座で先代鴈治郎の口上により三代目九団次を襲名、最後の舞台は本年二月名古屋御園座であつた。

以上が全文だが、九団次はかなり以前から悪性の病気に悩まされて府立病院で療養していたらしい。

佐々木滋寛の追悼文「市川九団次の追懐」は同じ亡者記事と共に掲載されている。佐々木は「時によると達者に任せて演技過剰な点もあつたが、素人出の中年役者としては不断の習練を積んでいた」とか「大正昭和の関西歌舞伎の脇役陣の中に、『市川九団次』の名も永く上方演劇史にその名を記録されることと、雷蔵の名が高まりつつあることを以つて彼は安らかに瞑すべきである」と、いささか冷やかと思える長文を寄せた。

やはり『演劇界』で高谷伸は「亡き九團次のこと」を寄稿した。

「関西歌舞伎の老け役、敵役または三枚目で重宝られてゐたが役者らしい朗らかさがあり、京都で生れ、京都で育ちそして京都の病院で終つた」、また「甥に前名の莚蔵を襲がせさらにそれを壽海の養子として雷蔵を名乗らせてから、好々爺の感いよいよ強く、渡来して歌舞伎指導の噂もあつた所が実現せぬうちに亡くなつたのは気の毒だつた」。

奈河彰輔は雷蔵が寿海の養子になってからの九団次について『戦後歌舞伎の俳優たち』にこう紹介している。

往年の覇気をひそませ、更には糟糠の妻女を失った後は、その菩提を弔うことに専念し、関西各地の神社仏閣に「寿海・雷蔵」「九團次・はな子」の一対の石灯籠を寄進し、私財を費やした。

また、佐々木滋寛によれば博多にやってきた九団次は亡妻の〝釈尼妙華信女〟という位牌に回向するのを何よりの楽しみにしている様子だったという。亡くなる前年の昭和二十九年に京都八坂神社の祇園石段上に一対の石灯籠を建立した際、九団次の熱心な懇望に引かされ、字を書いている。

九団次の妻・はなが死去したのは昭和二十七年一月二十一日だった。『幕間』が二十七年二月号で亡者覧に掲載した。

市川九團次夫人ハナ女。昨夏来腹膜炎で京都府立病院へ入院加療中の所、薬石効なく二十一日永眠、告別式は二十九日午前十一時　京都新宮川町の自宅で営まれた。

八坂神社に石灯籠が建立されたのは昭和二十九年一月二十一日である。私が京都・南座での顔見世興行の観劇合間を縫い、八坂神社に参拝して石塔を取材したのは平成二十一年十二月十二日だった。

正面門（西楼門）の高い石段を上がった左側の石塔に「昭和二十九年正月二十一日建立　三代市川九團次　妻龜崎はな」と並んで書かれ、右側の石塔に「三代市川壽海　八代市川雷蔵」とあった。本殿は厄除け、災難除け、太田社は芸事や習い事といった諸芸上達祈願の神社の神さまが祀られ、「八坂さん」や「祇園さん」と親しまれている。だが、その石塔に気付く人は少なかった。

雷蔵は養母はなが亡くなったばかりの二月一日が初日の南座に出ていた。「市川左団次一三回忌追善興行・東西合同大歌舞伎」。河竹黙阿弥作『大杯觴酒戦強者《おおさかずきしゅせんのつわもの》』などに出演。寿海、そして九団次も同座していたから、恐らく寄進の相談の詰めをしていたと考えられる。

ところで、ここで嘘か誠かちょいとノンフィクションぽい挿話を――。写真集『甦る！市川雷蔵』（近代映画社、一九九二年）の中にある「市川雷蔵物語」だ。これは『近代映画』昭和三十一年二月号「スタア小説」の再録。九団次死去の場面であるが、あくまで小説だとして読むといい。

「どうかお父さん、死なないでいて下さい」と云う雷蔵の血を吐くような願いも空しく、九団次は十一月（実際は十月）二十六日に危篤の知らせで撮影所から扮装のまま駆けつけた雷蔵の手を握りながら、「しっかりやるんだよ、立派な役者になるんだよ」と、のびゆく我子に満足の涙を浮かべ、寿海に感謝のまなざしを送りながら亡くなっていった。雷蔵は思わず男泣きに泣いた。

雷蔵はこの時、映画『新・平家物語』の宣伝で飛び回りながら、また次回作『いろは囃子』の撮影で多忙だったという。真に迫る描写ではないか。

いずれにしても養母はな、養父九団次という養い親を相次いで失った当時の雷蔵の心中は察するには余りあるのである。

雷蔵襲名評判記（一）

時系列で雷蔵の歩みを追ってはいるものの時間が前後するのを許してほしい。最初の養子先だった九団次夫妻の死去について費やしたが、雷蔵がその後に二番目の養子となったのが寿海。莚蔵から改名し、八代目雷蔵の俳優名を貰って、いよいよ襲名披露へと向かう。ただ、その間の心境や経緯に触れたい。

自筆手記「私の秘密」から再度引用する。

（寿海との養子縁組は）門閥がなければ出世の出来ない歌舞伎の世界の因襲に頭を痛めた養父母の、本当の親以上の愛情の発露に他ならなかった。（中略）それから我子同様いつくしみ育てて、やっと一人前になった私をどうして簡単な理由だけで手離せただろうか。

　今でも当時の養父母九団次夫妻の心中を思いはかるとき、ただ親の有難さに頭が下るばかりである。

加えてこうも語っていた。

　やがて縁あって私は、歌舞伎の名門と呼ばれる市川寿海の家の子となることになりましたが、それはまったく自分の気持を無にして、私のことだけを考え抜いてくれた九団次の深い愛からで、私はます〳〵頭がさがらないわけにはいきません。

これは「私の愛と生活の条件」。二十七歳の時である。

さらに紹介すれば雷蔵は雅子夫人に語っていた。『文藝春秋』（二〇〇九年五月号）の「夫・市川雷蔵へ四十年目の恋文」に出てくる。

「九団次さん夫妻には本当に大切にしてもらって感謝している。でも歌舞伎役者として生きるためには自分の元にいたんじゃいけないと思って、僕を寿海のところへ出してくれたんだと思う」と言っていました。

それぞれ表現に少々の相違はあっても九団次の悔しさ、子への愛情、そしてその養父母の愛に感謝を尽くす雷蔵の涙が思い浮かぶ。これは養子を手放す親の今でも変わらない姿なのだろう。

雷蔵は何はともあれ寿海の養子となったのだが、私は坂東竹三郎からこんな話を聞いていた。九団次は寿海の前に三代目阪東寿三郎の元へも思案していたようなのだ。竹三郎が「私が見るところでは……」と語ったのはこうだ。

莚蔵の名で雷蔵が初舞台を終えてしばらくした頃だ。「一門みたいに入り込んでいた寿三郎さんの養子にしたかったみたい」。ところが途中で突然、出入りしなくなり、「寿海さんべったりになった」というのである。その理由、背景は不明なのだが、竹三郎の想像では「寿三郎さんが断ったのではないか」。

三代目寿三郎は戦後、寿海とともに〝双寿時代〟を築き上げて関西劇壇の頭目となった名優だ。青年期は二代目左団次一座や初代鴈治郎一座で修業していたから九団次とも時期が重なる。ここからは一番最初に詳しく書いており、くどいようだが、九団次と寿三郎は昭和二十一年（一九四六）十月の京都南座の公演にともに出演し、その座組がそっくり移って翌十一月、大阪・歌舞伎座「オール関西歌舞伎軍」として上演された。この第二部の『勧進帳』で六代目市川寿美蔵（後の寿海）が弁慶、寿三郎が富樫、そして九団次が常陸坊で共演。さらには、同じ第二部に『中山七里』が掛かった。この作品こそ茶屋娘お花を演じた雷蔵の初舞台。主演が寿三郎だった。

九団次、寿三郎、寿海は極めて近い関係にあったのが分かる。とはいえ九団次は息子の養子先の最初になぜ寿三郎を選んだのか、どうして寿海に急接近したのだろうか。また寿三郎はなぜ断ったか。それぞれの家族や関係者、白井信太郎の斡旋にも触れたとはいえ他の松竹の思惑が働いたとも推測される。だが、これらは闇の中だ。

雷蔵を襲名した披露公演は大阪歌舞伎座の昭和二十六年六月興行である。五日初日、千秋楽二十九日の「東西合同大歌舞伎」。寿海、坂東蓑助（後の八代目三津五郎）、四代目中村富十郎、二代目鴈治郎、七代目澤村訥子、十三代目片岡仁左衛門、そして寿三郎、九団

『弁天娘女男白浪』雷蔵は白浪五人男の一人、赤星十三郎（左から2人目）　昭和26年6月、大阪歌舞伎座にて（『演劇界』同年8月号より）

次が並び、若手花形の中村（後の萬屋）錦之助、鶴之助（五代目富十郎）、片岡秀公（現・我當）、片岡孝夫（現・仁左衛門）らが顔を並べていた。

雷蔵の披露狂言は第一部が切『弁天娘女男白浪〜浜松屋より勢揃まで〜』。白浪五人男の一人、赤星十三郎が雷蔵の役だった。稲瀬川勢揃いで鳳凰柄の衣装を着ける色男、二枚目である。この演目の弁天小僧は寿海、日本駄右衛門が訥子、忠信利平が蓑助、南郷力丸が仁左衛門という配役。第二部は『伊勢音頭恋寝刃・太々講』で披露された。

さて、その評価・評判はどうだったか。最初に二つ、紹介する。

「弁天小僧」は寿海がすっかり売り物にした形だが、勢揃いで莚蔵改め雷蔵の赤星は若手一座での勉強が効いて、五人中一ばん立派かも知れない。

これは『幕間』昭和二十六年七月号の北岸佑吉の劇評。

寿海は「弁天小僧」を売り物にしているようだが、所詮は黙阿彌劇の人ではなく、仁左衛門の南郷、訥子の駄右衛門とも揃ひも揃って陰々たる浜松屋が出来上った。今度寿海の養子になった莚蔵改め雷蔵が勢揃ひの赤星に出る。なよ〳〵とした役者ぶりながら、シンにしっかりしたところのある若手とみえるからその大成を祈っておく。

こちらは同『演劇界』七月号の大西重孝の劇評。

やや甘口のご祝儀とはいえ晴れの雷蔵の出帆は上々に思えたのだが……。

雷蔵襲名評判記（二）

雷蔵襲名の評判を続ける。

萬屋錦之介が石川よし子編『市川雷蔵』で語っていた。二人は若き日から、映画界へ転身しても交遊を欠かさなかった仲良しだった。

錦之介「彼はきれいでしたからね。何ともいえぬ色気があって……ことに歌舞伎の白塗りなんかのとき……」「まだわれわれに役らしい役がつかなかったころでしたし……莚蔵から雷蔵になったときに赤星を演りました。ムードのある役者でした。何も言わないで出て来るだけで、なんともいえない色気があって。実に貴重なものです。自分で作ろうとして作れない、体全体にムードがあるんだな」

錦之介によれば、昭和二十七年八月の東京・明治座の『花街模様薊色縫・十六夜清心』で錦之介の父・三代目中村時蔵が十六夜、寿海が清心、錦之介と雷蔵が求女を交代で演じ、六本木にあった時蔵家に一緒に泊まっていたという。映画界に入ってから当時珍しかった個人プロダクションを作ろうと言い出したのも二人だけだった、と明かしていた。

六月の大阪歌舞伎座で襲名披露を終えた翌七月には東京・歌舞伎座「東西合同歌舞伎」に出た。「市川寿海襲名披露」である。この公演に当たって劇評家・三宅周太郎が「市川寿海の東上」を『幕間』（昭和二十六年七月号）にこう書いた。

この莚蔵はどこか四十年前の寿美蔵（寿海）の俤《おもかげ》がある綺麗な二枚目の若手だ。上方の若手で私は延二郎（後に延若）とこの莚蔵とを買ってゐたが、その莚蔵が寿海の子になったのは双方良縁と信じる。莚蔵の若い二枚目系の役を見ると、明治四十四年十月明治座で、左団次の『箕輪の心中』の初演の時、若い寿美蔵は前髪の少年の十吉をして、大當りをとつたが、その十吉にどこか似てゐるから不思議に思ふ。尚、この名の前の雷蔵は中車の八百蔵時代に養子になった人だが、夭折した役者だった。二枚目役者の乏しい上方では、この新しい雷蔵は実に前途有望、これも素直で律儀な役者にしたい気がするのは、私一人ではなかろうと思ふ。

高名な劇評家、また一般愛好家も大いに期待したのである。『幕間』は昭和二十七年一月号に「昭和二十六年度新鋭人気俳優」として第四回人気投票の結果を掲載した。

総数一六三八票の内、「西」の第一位が一五二票の坂東鶴之助。そして二位に一二五票を集めて雷蔵が入った。その理由の「よかった役」が「白浪五人男」の赤星十三郎、「桐一葉」の秀頼、「源氏物語」の頭中将、「本朝廿四孝」の勝頼の順だった。赤星十三郎、秀頼、頭中将は雷蔵を名乗ってからの役だ。さらに「させたい役」では「鈴ケ森」の権八、「修善寺物語」の頼家や「太十（『絵本太功記』）」の十次郎などが並び、どちらも花形役者が演じる色男、二枚目の役柄だ。劇界が雷蔵に求めたのはこの系統だと思うのだ。ちなみに「東」の第一位が（六代目）中村歌右衛門、二位が（九代目）市川海老蔵、三位が（十七代目）中村勘三郎。中村錦之助は七位、大川橋蔵が一〇位に入っていた。

襲名後の雷蔵は、しかしながら目立つような大きな役に恵まれない。それどころか女形、娘役も相変わらず演じていた。たとえば襲名二か月後なのに『与話情浮名横櫛』の下女およしを始め、翌年も『番町皿屋敷』の腰元お仙、『西郷と豚姫』で里鶴といった端役である。勿論、立役にも多く出たが三年ほど経っても目立った役は見当たらない。

これには寿海のよく言えば哲学、悪く取れば頑固な考えが下敷きになっていた。『寿の字海老』（昭和三十五年刊）という自伝から読み取ろう。

雷蔵とはその後一年ばかり一緒の舞台に出ていました。雷蔵の役柄は立役、和事系統で、若手でもあり、あまりいい役はつきませんでしたが、私はそれで結構だと思っておりました。この社会では名門の子であると、役者がまずくてもいい役をふって引き立てる習慣があります。ましてこれからはなんといっても実力が物をいう世の中ですし、身分不相応なことはやらぬ方がいいと思って、雷蔵にいい役が付こうが付くまいがすべて会社まかせ、いい役が付かない時は「不服を言ってはいけない。これでがまんしろ」といって聞かせておりました。

「つくし会」で指導もした寿海はこの後も長い述懐を続けるのだが雷蔵が映画界へ移る記述であり、それは別の項で詳細する。

この時期、雷蔵自身に不満が溜まってきたのは間違いないし、理解もできるが、一方で彼を擁護する見識もあった。評論家・山口廣一の意見である。

寿海の養子になつて莚蔵から雷蔵とかはつても、一向にかはり栄えするほど目立つた役もつかず、目立つた成績もあげず、まるでパチンコ屋の玉売りのやうに黙々とやつてゐるところが気に入つた。二十歳そこそこの青二才が変に持ち上げられたりすると鶴之助のやうな笑いものになる。そんなにアセらなくとも、人生はまだまだ長いのである……あのすつきりした柄、あの舞台冴えのする顔、それにあの調子のよさと、三拍子が三拍子とも立派にそろつている。うまく行けば大物になり得る雷蔵の可能性である。

(『幕間』昭和二十八年五月号)

鶴之助、つまり後の五代目中村富十郎が巻き起こした〝ある事件〟については詳しく書き、擁護したいのだが、実は雷蔵も根深く影響を受けていたのだった。

雷蔵のルーツ

ここで〝雷蔵〟といふ名の歴代を知ろうではないか。歌舞伎役者・市川雷蔵（八代目）となった俳優の系譜・ルーツである。

最初に、雷蔵自身が解説した記述から見てみる。それは雷蔵襲名に当たった挨拶だが、既に紹介した昭和二十六年七月号の『幕間』の後半に出てくる。

襲《つ》ぎました雷蔵と云ひますのは代々團十郎の弟子の名で、初代雷蔵は二代目團十郎の高弟四人の中に数へられたほどの人でした。暫などの錦絵が残ってゐるのからほゞ分かるやうに、まづ荒事系の人であったやうです。そのあと、二代目は三代目團十郎に、三代目は五代目に、四代目は六代目に、五代目・六代目は九代目さんに、といふやうに代々市川宗家に師事してゐられたのです。この六代目は中車さんのお弟子の英太郎といふ人が襲がれたのですが、この方が後に役者をやめられたので暫く雷蔵の名は絶えてゐたのでした。それで私は七代目に当ります。

雷蔵の高揚した声が聞こえてくるようだ。

雷蔵の系譜について私は主に『歌舞伎人名辞典』に依拠するのだが、それに依れば雷蔵の記述には一部、誤認がある。襲名したのは七代目ではなく八代目であり、その後には本人も訂正している。

さらに七代目中車の弟子で養子になったのは六代目雷蔵ではなく七代目である。また、五代目雷蔵が門弟となったのは七代目団十郎であった。それはともかく、この五代目雷蔵の前名は四代目市川寿美蔵、そして雷蔵を養子に迎えた寿海は五代目寿美蔵の養子に入っており、自身も六代目寿美蔵を名乗った時期がある。市川家では由緒がある雷蔵という役者名を寿海は与えた。期待の大きさが分かるだろう。

さて、初代雷蔵から紐解こう。

初代は雷蔵が話しているように二代目団十郎の高弟であり、荒事の名人だった。この二代目団十郎は初代団十郎の長男で「助六」や「矢の根」を初演。年千両の給金を貰う人気も集めて、市川家の基盤を確固とした〝千両役者〟だった。

初代は師事したその師匠と同様に荒事が大得意。四代目團十郎に並ぶ実力者だったという。この四代目団十郎は実は二代目団十郎の隠し子とする説があるのだが、初代はその四代目の一門になっていたようだ。宝暦十二年（一七六二）二月・中村座の『曾我贔屓二本桜』で曾我五郎時致を演じた。黒鹿毛の馬上で右手には丸に雷の紋の弓を持った若武者ぶりの錦絵が残っている。

加えて、渡辺保氏の名著『江戸演劇史』にはこう出てくる。宝暦十四年（一七六四）、中村座・二月初午。『人来鳥春告曾我』の二番目に半太夫節の『一前廓の花見時』が上演された。初代雷蔵が助六、実は京の次郎。

この年の春、江戸三座で「助六」が競演された。「女や若衆や坊主に対して雷蔵の『助六』が最も当たったのは、これがのちに歌舞伎十八番の第一作になる市川家の家の芸『助六』の本格だったからであろう。雷蔵の出来もよかった。しかしこの『助六』で雷蔵が四十一歳、しかも口跡があまりよくないのに大当りをとったのには、師匠四代目団十郎の深い考えがあったからである」と、渡辺氏は四代目団十郎、市川家一門の筆頭・初代雷蔵とを重ね合わせて詳細している。

『歌舞伎人名辞典』では「風貌が良く、時代物と世話物に適し、和事と荒事を演じたが、音曲も得意とした」と書かれており、この当時に珍しくなかった副業に手を染めて、江戸田所町に〝雷蔵おこし〟を売る店を出していたという。自己PR上手な商売人の側面が想像できるのだ。

初代の子である二代目雷蔵も助六を演じていた。明和六年（一七六九）五月・江戸中村座『曾我愛護若松（江戸桜其俤）』。初代雷蔵三回忌追善、そして自分の二代目雷蔵襲名。若衆の助六。「父のおもざしによふ似ました。ずいぶんとはげまされて父の名を揚たまへ」と言われて大好評だったと『名鑑』は紹介しているが、享年二十五歳の早世だった。

江戸期の雷蔵から一気に維新後の明治期に移ろう。

〝劇聖〟とされた名優九代目団十郎の門弟だった六代目雷蔵。資料が少ないのだが、六代目梅幸の『梅の下風』にはこうある。

「それから先代の雷蔵さんの工夫で叔父さん（九世団十郎）の家の庭から枯葉集めて来て松の間に積んで置いて立廻りの間にパッと飛ぶようにしたのは大層叔父さんの気に入って、褒められたといふ」。團十郎がお得意の『紅葉狩』を出した時の秘話である。

次は七代目中車の養子になったと雷蔵が触れた七代目雷蔵。雷蔵の一代前だ。

幼名市川英太郎。浅草・聖願寺の住職の子から歌舞伎に入った人らしい。中車が二度目の妻お市と暮らしていた時、養子になったが夫妻は故あって後に離縁している。中車はこの雷蔵に『傾城反魂香・吃又』の雅楽之介をやらせたというが、七代目は結局、歌舞伎俳優から日本舞踊の師匠・藤間勘一郎に転身してしまった。没年は未詳。

絶えていた名跡。寿海は市川家の宗家であった五代目市川三升（没後、十代目市川團十郎追贈）の許しを得て八代目として雷蔵の名を与えたのである。同時に寿海の家へ入った雷蔵には第二の波乱の人生が待っていた。

コラム1　雷蔵の酒

短い生涯を駆け抜けた雷蔵は、だが、その三十七年間にまるで多面体に似た素顔を持っていた、と思う。それは、様々な人物を演じる役者の「仮面」ではない。雷蔵の素顔は、とても愉快なのである。

親友の萬屋錦之介によれば、若い頃、酒席の雷蔵は割と騒いで面白いというが、日本酒一本呑む程度で顔が真っ赤になったそうだ。

好んだのは洋酒、ビール、日本酒（一級酒まで）と何でも飲んだ。が、焼酎だけは駄目と答えている。洋酒の嗜好はブランデー党だった。

大映映画の後輩だった本郷功次郎が明かしていた。「ぼくが雷蔵さんに教えたことは、クラシックと、それから、お酒。それだけ（笑）。夜は、広ーい（雷蔵の自宅）座敷で、二人きりで食事してたんですけど、料亭のようなごちそうが並んでんで、毎晩、晩酌するようにお願いして、全然飲んでないんで、ぼくが一人で平らげました」。

本郷は若手の二枚目スターとして売り出したが、雷蔵との映画共演は『浮かれ三度笠』や『若親分乗り込む』がある。話の時期はともにまだ独身。雷蔵は雅子夫人と大恋愛している頃と言っている。(『季刊フリックス　市川雷蔵』ビクター音楽産業、一九九二年)

本郷が言うように雷蔵は酒豪ではないものの、決して酒に弱い訳ではなかった。独身時代は外での飲食が主。だが、特に家庭を持ってからは家庭型、晩酌型になったのだった。

同じく、可愛いがった後輩の俳優・長谷川明男の話が愉快である。

「僕は雷蔵さんと仕事の話なんかした事ないんです。いつもバカ話ばっかりで(笑)。ある時なんか突然電話がかかってきて『これから東京へ行くからみんなを集めといてくれ』。羽田へ迎えに行ってホテル・ニュージャパンのマーメイドってバーで、もうドンチャン騒ぎ(笑)。『ばか』バシーンてたたくし、お腹がよじれる程一番笑わせるんだから(笑)。雷蔵さんて僕らといる時は僕らと同じ年齢になってしまえる人だった。だから僕なんか一緒にいると安心してバカ騒ぎができたんです。スターなんて意識が全然ない。雷蔵さんってハメをはずすの結構好きだったんですよ(笑)。お酒も大分飲めましたけど、でも限度を知ってたし、決して自分を失うことはなかったですね」

（同右）と、酔い潰れることがない酒だった。

明るい酒だった。共に映画の制作を語った藤井浩明プロデューサーが上京してきた雷蔵から誘いを受けた時のこと。映画『破戒』の撮影に入る前のある日。雷蔵の定宿である帝国ホテルへ行くと、見知らぬ女性が同席していた。その人こそ当時、女子大生だった後の雅子夫人。「結婚しようと思うんだ」。照れ臭そうに、しかし、いきなり紹介する雷蔵に面食らったという。ここから、雷蔵の雷蔵らしい性分が出る。

「ところが雷ちゃんは三人で食事をした後に、私と二人で飲みに行こうと言い出したのです。せっかく上京して彼女と会っているのに、送りもしないで飲みに行くのは悪いよと言ったのですが、雷ちゃんは彼女を一人で帰らせ、どうしてもと言って私と二人でバーへ繰り出したのです。今考えれば、あれは雷ちゃんの照れだったのでしょう」

「プライベートの雷ちゃんは酒を飲んでも決して乱れることのない人でした。その上、普段は眼鏡をかけているせいか、馴染みの店でない限り市川雷蔵本人だとめったに気付かれることもありませんでした。ですから知らない店に飲みに行くと『僕は税務所員なんだ』などと言ってはよくホステスをからかっていました。雷ちゃんは案外気さくな性格の持主でもあるのです」（『甦る！　市川雷蔵』「新しいものへの挑戦をしつづけたひと」)

結婚してから家庭を大事にする晩酌型になった雷蔵。雅子夫人によると、お酒はヘネシーのスリースターをグラスに一杯。最後はご飯で締めたそうである。雷

夏の段

武智歌舞伎に加わったのはなぜか？　［七不思議　第三］

別名〝武智歌舞伎〟——。これは「歌舞伎再検討のための公演」、演劇評論家で演出家の武智鉄二が敢然と旧来の歌舞伎に疑問を浴びせ、その再検討を敢行した実験劇場である。雷蔵はここに身を置いた。

雷蔵はようやく歌舞伎俳優として覚醒することになるが、ここで私は〝第三の謎〟に入る。なぜ加わったのか。その判断と体験は果たしてどのような成果を及ぼしたのだろう。検証してみたい。

突然私たちの前に武智鉄二という人が出現して来たのだった。

自筆手記「私の秘密」の中ではその時期について雷蔵は大阪文楽座『お国と五平』の友之丞を演じた頃だと記している。これは昭和二十七年（一九五二）五月の「武智歌舞伎」

公演。

しかしながら雷蔵のこの手記は記憶違い。実際はその三年前、「つくし会」で武智は莚蔵時代の彼らと初めて出会っていたからだ。「つくし会」と武智の初交流などは既に詳しく書いているし、雷蔵自身も承知の事実だった。極力、重複を避けて、書く。

武智が実験劇場を構想し、実際的な仕事に乗り出す際、主に説いたのは白井信太郎、坂東蓑助の二人である。白井は前にも書いたように松竹副会長兼日本ドリーム観光会長を歴任、蓑助は後の八代目三津五郎だ。


白井信太郎は、興行師としては演劇を愛する気持の強い方の人であつた。私が昭和二十四年の夏、蓑助の紹介ではじめて彼に京都の木屋町で会つた時、私が関西歌舞伎の年齢の断層の話をし、若い俳優を育成すべきことを説いたのが、私のこの仕事が緒につくに至つた最初のきつかけになつた。

その暮に青年俳優たちが私にあずけられ、第一回公演のはこびになつたのであつた。

（武智鉄二著『武智歌舞伎』）


急死によって〝フグの三津五郎〟と呼ばれた当時の蓑助は京都に移り住んでいて寿海と

共に「つくし会」の指南役であり、武智の協力者でもあった。
武智はこの著書でこうも書いている。

「武智歌舞伎」の仕事は、能や狂言や文楽などの、先行演劇の力を藉りて、歌舞伎劇を本来的な民衆の中から生れた、発展的エネルギーを内蔵していた時代の演劇にまで、よみがえらせようというのがその狙い（後略）。

原作を深く読み込んで忠実に再現させるためにも、歌舞伎に初めて演出を取り入れた。武智は進取の気性に富んでいた蓑助の協力を得、「武智歌舞伎」の主宰・演出に乗り出したのである。

第一回公演を書き出す前に、やや横道に入る。坂東竹三郎の記憶、さらに武智の詳述が何とも言えず興味を引くだろう。

まず、竹三郎。彼は「ある時期」から口を開いた。それは昭和二十四年（一九四九）二月・大阪歌舞伎。寿美蔵から三代目寿海への襲名披露公演が行われた。『助六由縁江戸桜』。寿海が助六、四代目富十郎が揚巻。扇雀（坂田藤十郎）、鶴之助（五代目富十郎）の評価と人気が出る前だ。竹三郎は、白玉に抜擢された扇雀が（実際は傾城浮舟）その舞台で「全く声が出なかった」という。

雷蔵は振袖新造、竹三郎も並び傾城で出演していた。

「お客さんがワ〜ッと沸いた。ひと月ズッと。でもこれは恥じゃない。十八か十九の頃で、皆も声替わりで」。これを見た武智が発声練習をやろう、という発端から「武智歌舞伎」が出来たと明かした。「つくし会」には実川延二郎、中村紫香、中村太郎らが残留するだけでの公演は難しいと判断して「つくし会」は丸ごと合流したと言うのだ。

なお、「武智歌舞伎」は大阪・安宅産業の社長がバックアップしていた、と語った。かつて存在した総合商社の安宅産業は創業者の安宅弥吉が社長を辞任したあと、次男の安宅重雄が昭和十七年五月から同二十年十月まで、次いで神田正吉が同十月から三十二年十一月まで社長を務めた。芸術家のパトロンだったと言われる弥吉の長男・英一（昭和二十年から会長）が鶴之助を可愛がっていたという。後年、富十郎となった鶴之助は武智の紹介でこの安宅英一会長のお世話になったと話していた。支援したのは英一会長だった。

そして、武智の詳述。この頃の扇雀は『武智歌舞伎』によればこうだ。


丁度その頃扇雀は十八だつたが、生まれつき少しどもる気味があり、又いわゆる音痴でもあつた。顔は美貌ではないが、つくれば美しく見えるたちで、ただつくり方のまずさで、その美しさを殺していた。しかし、なによりもセリフがいえないことが、彼の大きな欠点で、扇雀がセリフをいうと観客が笑うので、死んだ松竹会長の白井松次郎は、扇雀には踊りをおどらせておいて、セリフをいう役をつけてはならないと奥役に言いつけていた。

松竹からは扇雀を除外してはどうかの申し出があったのだが、迷った末、武智の判断はメンバーに加え、第一回公演で「熊谷陣屋」に藤の方、「野崎村」でお染という軽い役を与えていた。その稽古初日、扇雀は台詞につまり、どもる。稽古は少しも進まなかった。ところが、どうだ。日ならずして大変化が起きた。〝扇雀の奇跡〟が現出したのである。

彼の演技力は急激にめざましい成長をみせ、稽古にはいつてから十日目頃には、この公演に参加したすべての若い俳優達の中で、もつともすぐれた演技を示すようになつた。

武智は驚嘆し、褒め上げた。

扇雀十八、鶴之助、雷蔵、鯉昇二十歳。扇雀が他の俳優を追い抜いて頭角を現したのは天分と努力の大きさを物語るものだ、と絶賛している。雷蔵は、その第一回公演から参加したのだった。

第一回公演

第一回「武智歌舞伎」公演は昭和二十四年（一九四九）十二月の一日だけ、大阪四ツ橋・文楽座で開かれた。演目は二作、『一谷嫩軍記』の三段目切「生田熊谷陣屋」の場と、『新版歌祭文』の「野崎村の場」。時代物、世話物の佳作である。

「熊谷陣屋」の場の配役。熊谷次郎・坂東鶴之助、藤の方・扇雀、敦盛・莚蔵（雷蔵）、相模・中村太郎、彌陀六・鯉昇、義経・延二郎。

「野崎村の場」は、お光・延二郎、お染・扇雀、久松・莚蔵、百姓久作・市川靖十郎、婆・実川延之丞、後家お當（お勝）・坂東鶴之助、船頭・中村紫香。ここで、油屋の娘お染、丁稚の久松の恋と心中の物語で雷蔵は主役の一人に起用された。

関西演劇ペンクラブによる合評会が昭和二十五年一月号『幕間』に掲載された。

大西重孝「莚蔵の久松は稽古の時にはフラ〳〵としてゐるので案じてゐましたが、実際の舞台では意外に味が出たので結構でした。尤もお染の死を覚悟した『成程思ひ切りませう』を受けての詞が、扇雀ほどの気魄がありませんでしたが——」

高安六郎「莚蔵の久松は色気は割にあったが、これも固過ぎる」

関逸雄（本誌）「これまで二枚目といへばデレ〳〵したものでしたが、僕等の年輩のものはみんな莚蔵の清潔な久松を見て大変喜んでゐました。いや味のない清潔な二枚目がこれからは喜ばれるのではないでせうか」

北岸佑吉「しかし、お染と抱擁するところは形が悪かったですね」

坂東蓑助（演技指導者）「久松の足がお染の袂《たもと》にかくれるやうに形をつけておいたのに、莚蔵が坐りそこねたからです」

井上甚之助「夫々に難はあっても、とにかく皆んな実力以上の芝居をしていますよ」

考慮しなければならないのは、松竹を含む劇界や評論家の大勢が「武智歌舞伎」に対して批判的、あるいは疑問視していた中での初登場だった事実だ。また、待ちかねていた若い息吹を好意的に受け入れた評価であった、と思われる。武智によればこの合評会で初めて「武智歌舞伎」の名前が出てきたと言われる。ちなみに私は関の「いや味のない清潔な二枚目」という言い回しに雷蔵の性根を感じた。

もう一本、「熊谷陣屋」の場の敦盛を見たという中川芳三氏（演出家・奈河彰輔）から聞いた話での莚蔵（雷蔵）は「表には出なかったが、拵えも相当やったそうですし、気を入れてやっていたと思う」と明かしていた。
雷蔵は当初、二の足を踏んでいたのだろうか。こう、ある。

当時私はこの武智という人については、殆ど知らなかった。後になってから、能楽や文楽に関係のある演劇評論家と判ったが、それまでは、ただ若い人を集めて歌舞伎の再検討をされるということを薄々知っているくらいで、私たちの方でも、既に終戦後、他にさきがけて、関西歌舞伎としてつくし会をやっていた関係上、積極的に近づく意志を持っていなかったのである。（「私の秘密」）

「つくし会」の青年たちが何事か不安視しながら疑心暗鬼になっていたのも理解できる。そこで、雷蔵の胸の内が知りたくなる。感動したのではないが、かなりショックを受けたのは確かだ。
私たちは、武智先生のきびしい指導の下に、歌舞伎としては異例な一カ月という長期の稽古を積んだ後、第一回公演の蓋《ふた》を開けた。この時は興行的には失敗だったが、世論に与えた影響は大きく、しばらくは賛否両論が渦を巻いて行われた。とまれ、この一ヵ月にわたる激しい稽古の間に私たちが得た体験は、大きく且つ尊かったことは否めない。かくて、二回、三回と公演を重ねるにつれて、私の演技者として本当の意味での自覚が紙をはぐように明らかにされて行った。

新しい壁は、又しても開けて行ったのである。(「私の秘密」)

武智自身はどうだったか。

経済的には失敗だつたけれども、幸いにも藝術的には大きな反響を生み得たことであつた。若手俳優達の表現技術は必ずしも高いものとは言えなかつたけれど、正直の所私が危惧していたほどには低くなかつたし、又彼等の熱心と勤勉とが、ある程度までその低さを補つてくれた。(『武智歌舞伎』)

失敗を認めつつも及第点を与え、自讃していたのである。

雷蔵にとって初めて経験した異例の長期稽古や初役に挑んで得た評価によって、自信が湧いてきたのは間違いない。それでも第一回の公演を終えてから、大きな役に恵まれたとは言えない。半年後、第二回公演で武智は再びチャンスをくれたのだった。

第二回公演

第二回は昭和二十五年五月。この回は十二日初日、二十一日千秋楽という十日間、大阪文楽座での公演となった。前回が一日のみだから大飛躍を遂げた。

演目は三本。①『妹背山道行』。これは『妹背山婦女庭訓』四段目の舞踊「道行恋苧環」、②『鬼界ヶ島』。これは『平家女護島』二段目、③『勧進帳』。歌舞伎十八番の一つだ。

武智は第一回の反省を踏まえて演目を選定した。さらに挑戦的な意図さえ含んでいた。自著『武智歌舞伎』に書いている。

私がこの三つを選んだのは、だから主として技術上の見地からである。つまり歌舞伎劇という一個の歴史的に決定せられた様式を運命として担っている演劇の表現が、如何なる手法によつてなさるべきが正しいか、という点に関する技術上の問題の面から再検討して行こうという試みである。

即ち、前回公演を経て痛感した自身と若者たちの慢心、油断を戒める。平たく言えば自惚れるな、演技がまだ下手だということだ。若者たちに、先輩俳優の演技を批判的に見る目が生まれたのを喜びながらも、それ故に古典劇の名作を課題として与えた。また、成長を一層促す手段として各分野に於ける第一級の芸術家に教えを依頼したのだった。

主な配役はこうだ。

『妹背山道行』のお三輪が扇雀（藤十郎）、求女が蕜蔵（雷蔵）、『鬼界ヶ島』の俊寛が延二郎、千鳥が蕜蔵、そして『勧進帳』の弁慶は鶴之助（富十郎）が扮した。

指導者はこうだ。

『妹背山道行』で協力を依頼したのは日本舞踊・京舞井上流の四世井上八千代、『鬼界ヶ島』は文楽の山城少掾、綱太夫、彌七、『勧進帳』は観世流能楽師の八世片山九郎右衛門（片山博通）やシテ方、脇方、囃子方と本格。八千代と九郎右衛門は夫婦である。

蕜蔵らが演技指導を受けた様子を二人の長男・九世片山九郎右衛門（幽雪）が書き記していた。日本経済新聞朝刊の連載「私の履歴書」（平成十七年十二月十一日）から引用する。

『妹背山道行』の蕜蔵を教えたのが母親の四世八千代。自宅がある新門前の敷舞台などが稽古場。全部井上流の舞でやらせたい、という武智の希望に応えた。

母は男性に教えるのは初めてでとまどっていた。それに、井上流は下半身の安定、つまり「おいど（腰）おろして」を基本とするので、皆さん歌舞伎の舞踊と勝手が違って「うんうん」言いながらやっておられた。私は人のことを言える立場になかったが、稽古を拝見して「芸に携わる者に必要なのはたゆまぬ努力」と再認識させられた。

この稽古場には莚蔵のほか鶴之助、片岡秀公（後に我當）、遅れて扇雀も通った。鶴之助は既に第一回「熊谷陣屋」の熊谷直実を演じる時、父の九郎右衛門から役作りを習っていた。九郎右衛門は今回の『勧進帳』は「他流を見た方が勉強になる」と、金春流の桜間龍馬（後の金太郎）さんにも来てもらうほどの気の入れようで、「足の運び方に始まり縷々指導していた」と書いている。稽古に悲鳴を上げる彼らを想像するだけで笑える。

高尾口の別宅近くに住んでいた莚蔵には筆者の九世九郎右衛門が一時期、仕舞を手ほどきし、また、雷蔵となって主演した映画『若き日の信長』（昭和三十四年三月十七日公開）では頼み込まれて「人間五十年、下天の内を……」の謡の吹き替えをしたという後日談を紹介していた。

武智はその後、莚蔵の求女の出来を褒めていた。

求女がすぐれていた。これは井上流で舞ったのだが、名人井上八千代が激賞していたのだから、そのよさが想像されよう。事実彼はこの役一つで認められて、壽海の養子になる幸運の緒をつかんだと言えよう。他に「俊寛」の千鳥が記憶にある。(『武智歌舞伎』)

『幕間』でも昭和二十六年一月号の「昭和二十五年度若手人気俳優」で莚蔵は一六四票を集め「西」の第一位に躍進。「よかった役」のトップが求女だった。これは、既に紹介したところであり、昭和二十五年七月号『幕間』の若手座談会でも中村太郎が褒めていたのを書いたので省こう。

同じ年の二十五年十二月、「武智歌舞伎」は初の巡業公演の旅へ出た。西宮、神戸、大阪近郊巡演だった。

演目を並べる。①『十種香』、『本朝廿四孝』四段目「十種香の段」、②『修禅寺物語』、これは岡本綺堂作の傑作新歌舞伎、③『勧進帳』、④『車引』、これは『菅原伝授手習鑑』第三「車曳」、⑤『摂州合邦辻』、⑥『弁天小僧』、これは『弁天娘女男白浪』の通称。時代物と世話物が応分に組まれていた。

翌二十六年一月号の『幕間』に劇評が載った。莚蔵が出演した演目を抜き出そう。沼艸雨「武智歌舞伎、華と實と技」である。

『修禅寺物語』の面作師《おもてつくりし》夜叉王が蓑助、将軍頼家が延二郎、夜叉王の娘姉妹の姉・桂が扇雀、妹の楓が莚蔵、桂の許嫁・春彦は鯉昇。「莚蔵の楓は餘りに老けすぎた。眉は落としても十八という年には見えなかったし、一家中で一人が中に立つて気を配っているような情にも欠けた。これはなかなかむつかしい役である」。

次が『勧進帳』。弁慶が鶴之助、富樫が延二郎。莚蔵は義経。「莚蔵初役の判官も悪くないが、もう少しふっくらした味がほしい」。

『摂州合邦辻』。国主高安家当主の後妻玉手御前は初役の鴈治郎、当主の息子俊徳丸が扇雀、玉手の実家の父合邦が蓑助。莚蔵は俊徳丸の許嫁浅香姫。「それに莚蔵の浅香姫がミスキャストで、これは地位は違っても扇雀の俊徳とかえるべきであった」。

これで分かるように、めきめきと腕を上げていた扇雀に対して、莚蔵の女形は散々に叩かれた。

ここまで上演された「武智歌舞伎」における稽古ぶりを武智の記録から見たい。最初は『演劇界』昭和三十八年三月号。

いまの若い人たちには、考えもつかないような猛特訓が、そこでは課せられたのでした。

いまでは明るい語り草になっている『修禅寺物語』の頼家役の「北条が何じゃ」の一言を、二時間もかけて練習したという話も、その時の延若（延二郎）君の心境に分け入って思えば、まるで泥沼のなかであがいているような苦しみだったに違いありません。こういう猛特訓は、この役の一言に限ったことではありません。一時間そこそこの芝居の稽古が一通り通すだけで、三十時間はかかったと記憶します。これより長くとも、短い時間ではなかったのです。

次は武智の著『三島由紀夫・死とその歌舞伎観』の「歌舞伎俳優雷蔵」。長文なのだが、稽古場の雷蔵は愉快極まる描写になっている。

どちらかといえば神経質型の実川延二郎（延若）や扇雀とちがって、竹之丞（富十郎）と雷蔵とはノンビリ型で、特に雷蔵のノンビリは超絶的だった。そのくせ、「先生、それは昨日教えはったことと違いまっせ」と逆襲してきた。それほど、気を入れて覚えていてくれたかと、うれしくなりながら、「今日のほうが正しいんだ」とぴしゃり、いうと「はっきりしてもらわんと、困るなあ」と口答えした。そのとぼけたいいっぷりが、とても愛嬌があって、緊張しすぎた稽古場の雰囲気をやわらげるのに奇妙に役立った。

ヨシオ（本名）の毒舌というと、そのころから有名で、思うことをずけりというが、ふしぎにいわれた人の神経に、さわらないのだった。頭領としての人がらを、すでに備えていたのだろう。

扇雀は昭和二十四年の第一回公演に引っ張り出された時の思い出も語っていた。同四十五年十一月五日に掲載された『東京新聞』夕刊「カブキ昭和一ケタ派」にある。

生きなければいけないという気持ちになりましたね。年齢的（十八歳）にも思春期で、ものを知ろうという意欲に燃えていました。理論的なこともありますが根性を植えつけられたのが一番大きい。けいこが初日のような態度でないとダメなんです。できなければ朝までなんてザラでしたよ。俳優の一生でもいちばんいい時でしたね。しあわせです。

戦後間もない頃の熱い必死さが分かる。

二十七歳の時、雷蔵は「今でも私という人間のなかには、のらくらとしていたいという怠堕な気持がないとはいえません。それを鞭打ってくれるのは、わずかにまだ私のなかに残っている潔癖だとおもっています」（「私の愛と生活の条件」）と、正直に告白している。

「武智歌舞伎」時代の雷蔵は、しかし、一皮剝けた俳優に見えた、と思われていたのである。

「武智歌舞伎」時代の終わり

「武智歌舞伎」で殻を破った若手たちは昭和二十六年（一九五一）三月、名古屋御園座「花形大歌舞伎」に乗り込んだ。延二郎、莚蔵、鶴之助、扇雀や「つくし会」の鯉昇、太郎、そして蓑助が出演した。

同年の『幕間』五月号に掲載された木村菊太郎の「武智歌舞伎と山城浄瑠璃」には、こうある。

延二郎を除いては、十代二十代という一時代飛んだクラスの若手俳優が体当りでうちこんでいる熱意には、演技の上手下手を超えて、寧ろ涙ぐましい感じに胸をうたれる。これら若手の技術の低さを、演出者の適切なる指導と、彼等の熱心と勤勉とが補って、結構見られる芝居となった事はおそるべき事であり、この人達こそ沈滞しきった関西歌舞伎の将来に、明るい希望の灯を点じてくれたのを覚える。

どうであろう。諸手を挙げての賞賛だ。

劇評は、次のようだ。

『野崎村』(『新版歌祭文』上の巻)では「いままでの歌舞伎に於いて、嘗て嗅いだことのない人形浄瑠璃の匂いを強く感じて興奮した。蓑助の久作は申すまでもないことだが、鶴之助のお光は断然秀逸。之に扇雀のお染、鯉昇の小助が佳作、莚蔵の久松その他みなよく均衡がとれて、正に武智歌舞伎の花といえる」。

だが、『本朝廿四孝』については「『十種香』の場は莚蔵(勝頼)、扇雀(八重垣姫)、太郎(濡衣)では何としてももちきれず、芝居にならなかったのは是非もない」と、むべもない。莚蔵は『勧進帳』で駿河次郎、『修禅寺物語』の楓にも出ていた。

その翌四月には大阪歌舞伎座「松竹創立三十周年記念・東西合同大歌舞伎」に出た。これは四月三日が初日、十五日から一部と二部の狂言を入れ替えて上演された。

寿海、二代目猿之助(初代猿翁)、二代目鴈治郎、九団次、四代目富十郎、鶴之助、扇雀、鯉昇、延二郎、太郎、そして莚蔵も参加していた。莚蔵は一部の『坂崎出羽守』で小姓久之丞、『紅葉狩』の腰元露島、二部では『椀久と松山の死』で仲居おげん、『どんつく』で芸者仇吉を務めていた。

『幕間』の昭和二十七年一月号では「二十六年度新鋭人気俳優」人気投票（第四回）で雷蔵（襲名後の名）は「西」の第二位。だが「よかった役」にここでの役柄は書かれなかった。それでも、専門家ではなく一般のファンはどのように彼を見ていたのか。ある一例を紹介する。

昨年度（昭和二十五年）若手人気投票に、はからずも関西第一位となり年若い彼の前途に得がたい栄誉が与えられた事は日頃から真面目な彼の性格のしからしめる所とうれしくめでたく存じました。

第一回武智歌舞伎の時の久松を観てすっきりとした清楚な感じに今迄の舞台になかった美しさに感心しました。第二回の文楽公演の時の求女！　六分の近代味と残り四分の古典美とを持った美しさと山口（廣一）先生もほめて居られた通り彗星の如く現れた彼に驚くばかりでした。彼の舞台を平静に観る時期待して居なかった程の上出来とその出来をぶちこわす様な不出来な時とがあり、文楽公演の千鳥の時の様な失望を感じさせられます。美しい声を持ちながら哀れさをともなわず求女とは雲泥の差に驚きました。

彼自身もいっていた様に立役としては申し分なく彼も心をこめて熱演でしょうが、やはり大器となるにはどんな役柄にも熱心に忠実にやって戴きたいと思います。

若手の中でも一番に清純な真面目な気品がうかがわれますが、今後とも今の美しさを失う事なく慢心せずに如何なる役柄をも真剣にこなし、すこやかに成人される事を切にのぞみます。（『幕間』読者ページより「莚蔵にのぞみて」池田千鳥）

読者、ファンとは何とありがたいものか。映画俳優時代に〝雷さま〟と崇めた熱烈ファンの魁《さきがけ》と思える。

「武智歌舞伎」時代を大宅壮一との対談の中で雷蔵が述べていた。昭和三十一年三月だから、同三十年九月二十一日公開の溝口健二監督の映画『新・平家物語』の後だ。

大宅「武智君のきびしさと、溝口さんのきびしさはどう違う？」

雷蔵「武智さんの場合は、たとえば『なにがなにしてなんとやら』というとき、『なにが』『なにして』『なんとやら』と、ひとつずつ上げる音階から全部、自分で教えるわけです」（中略）

雷蔵「ボクはカブキから映画にいった中では、いちばんカブキ的でなくて、映画俳優に適しているといわれたけれども……。それはわたしのカブキにいる間の経験が、扇雀さんにしても、鶴之助君にしても、ほかの方に比べてカブキにあまりいませんからね。

『新版 色読版』雷蔵（丁稚久松）**と中村扇雀**（お染） 昭和29年1月、大阪歌舞伎座にて（写真提供：早稲田大学坪内逍遙記念演劇博物館）

八年間か九年間しか舞台に立っていません。扇雀君や鶴之助君は、カブキの舞台で相当に役をしているし、カブキ的な演技というものになれている。カブキを研究もし、いろんな役もし、非常に苦労しましたからね。ボクの場合は、映画に入る二、三年前につくし会、それから武智カブキができて、あのときと、三回出まして、カブキの役らしい役をしたわけです。カブキの中にはいるものの、恵まれてなかったというか、カブキにそまっていないわけです」（『娯楽よみうり』一九五六年三月二日号）

この話の内容について、劣等感とか羨望《せんぼう》とか慙愧《ざんき》の念が入り交じった複雑な胸の内は伝わる。かと言って、道を誤った選択とは言っていない。運命に翻弄されながらも辿り着いた二十四歳時点での本心かもしれない。

雷蔵と十五、六歳の子供の頃からの付き合いで「つくし会」メンバー、また武智歌舞伎でも一緒だった市川小金吾（後に青虎）の証言を、繰り返しになるが最後としよう。

「あの頃、雷蔵君にとって一番成長した時期じゃなかったのかな、役者としての基礎を築いたという意味で。嘉男ちゃん——ぼくらは芸名で呼ばないんです——は、それまでノラクラしていたんで、〝ナマコ〟ってあだ名を付けられていたんだけど、武智さんに活入られた結果、寿海さんの養子になった上、あんな役者になるとは思わなかった」

「(急激に成長したのは)やっぱり武智さんのおかげでしょう。武智さんは、それぞれ個人個人の長所を伸ばす才能が非常にある方でしたものね。……そう、彼の長所はどこかというと、具体的には声の調子ですね。そこいら辺を伸ばしましたね。名調子といわれる――。そして、動きの少ないものから入っていったですね。腰の辺がフニャフニャしているので、強烈な役はできないから調子でいこう――と。『勧進帳』だった弁慶じゃない、調子でいくならなんだ、富樫の役だ、調子で押せとこういう訳です。そういうところを見抜かれた訳ですね」

莚蔵は「武智歌舞伎」から離れる時期に入る。雷蔵襲名が理由である。武智はこう結んだ。

彼は壽海の養子になつてから、「武智歌舞伎」へ出られなくなつて、舞台俳優としての成長がとまつてしまつたのは、素質がよいだけに、惜しくてならない。しかし反面そのことが、彼を映画俳優として成功させているのだから、彼自身にとつては、幸福だつたと言えないこともない。（『武智歌舞伎』）

石橋を叩き、扉を開いて見た武智歌舞伎の世界は、雷蔵にとって間違いなく有益だった。しかしながら、その後の彼を知る時、歌舞伎役者としては大成功とは言えない。〃第三の謎〃に続く〃第四の謎〃。人生最大の大回転が迫っていた。〃高野《こうや》聖《ひじり》事件〃である。

歌舞伎を離れたのはなぜか？［七不思議　第四］

雷蔵の俳優人生にとって最大の岐路がやって来た。それは雷蔵の〃高野聖事件〃、そして鶴之助の〃三馬鹿事件〃と〃脱退事件〃である。あえて言えばこの運命的な体験によって、雷蔵は歌舞伎から離れることになる。三つの事件を通して「第四の謎」、雷蔵はどのように思っていたのか？　を考えてみたい。

昭和二十九年、大阪歌舞伎座「六月大歌舞伎」が行われた。五日初日、二十七日千秋楽。寿海を座頭に若手の扇雀、鶴之助、小金吾と雷蔵も加わっていた。昼の部四つ目の切に『高野聖』が掛かったのである。

『高野聖』とはどのような芝居なのか。

原作は泉鏡花が二十七歳の時の明治三十三年（一九〇〇）、雑誌『新小説』に発表した小説で、同三十七年九月、東京本郷座で初の劇化。問題の昭和二十九年の公演は吉井勇が脚色し、久保田万太郎が演出していた。

「現実世界を超えて宇宙にも通じるような魔の力をひそめている美女の怪異な奇抜な内容、みずみずしい日本語の話し言葉の登場人物の会話の息吹、作品の場面構成の対比の見事さ」と、以上は東京・歌舞伎座で五十四年ぶりに上演された平成二十年七月の筋書き。鏡花の姪すゞの養女・泉名月による一文だ。

美女が住む孤家《ひとつや》に一人の若き僧がたどり着く。僧は諸国を勧進する高野聖の宗朝、女は人の病を治す力を持つ一方、人と獣に接する態度が異なる二面性がある魔性の美女。物語は二人のやり取りが眼目だが、家には次郎が住んでいる。この男は重い病から身体が不自由、言葉は忘れたという。二十九年の配役では「女」が女房雪路、扇雀が演じた。宗朝は坂東蓑助。そして「白痴の男・次郎」が雷蔵であった。

私はこの五十四年ぶりの公演を見ている。「歌舞伎座百二十年」夜の部だった。石川耕士と坂東玉三郎が原作に忠実に補綴・演出して新たな上演台本作りをした。玉三郎が「女」、市川海老蔵が宗朝、尾上右近が次郎。抜擢された右近はまだ高校一年生。その次郎は第三場と五場の山中孤家に出た。好物の沢庵を夕餉にねだり、不自由な身体を二つに折って宗朝にお辞儀をさせられる。木曽節の謡を唄う。若い右近の芝居は、ぎこちなく荷が重いような感想を抱いたのを思い出す。

では、雷蔵はなぜ白痴の次郎を演じたのか、役不足・扱いの不満はなかったのか。同二十九年七月号の『幕間』が書いていた。

「自分でもいろいろ調べたり、工夫もしてみたのですが、どうも原作の味とは遠いものになってしまって、ただ筋を通すだけが精一杯といったやうな有様に終わってしまったのは、私としても残念で、何とも申訳ないことに思ってゐます」と、監修的な立場だった蓑助。

次は――問題の芝居「高野聖」――が見出しの桂田重治の劇評。

吉井勇の脚色もよく出来ているし、久保田万太郎氏の演出も恐らく誰がやってもこれ以上の効果はあげ得ないだろう。俳優もこういう作品だけに、大へんに力がはいっているることが分かる。それでいて文学には遠く及ばず、放送（最近民放の名作アルバムで新派の人達で放送されたのを聞いた）にすら一歩も二歩も勝ちを譲らねばならぬ。寵児扇雀の妖艶さを売物にしようとする企画なら邪道であり、悪趣味であり、扇雀を毒するものでしかない。だが扇雀はまだいい。ゆあみした濃艶な姿を見せられるからだが、雷蔵は気の毒である。白痴で最初から最後までお乳をなぶる役――昼夜を通じてこれが1ト役、それも投げずに真面目に勤めている点、俳優はこうある可きだ。

扇雀は裸体を見せた演技で生々しい女形だと書かれたのもあった。

この舞台を見た演出家の奈河彰輔（中川芳三氏）に聞いたことがある。

「私は面白いと思ったが、千秋楽になって扇雀が何かワーワー言っていたようだ。一方、雷蔵本人にしたら周りはいい役であり、自分はいよいよ脇役になった、せっかく頑張っているのにこのままでは脇役で終わると言われたのでは。映画（大映）の話があったとも思われた」

その二か月後、東京・歌舞伎座「八月興行関西大歌舞伎」が開催された。この二部序幕に『高野聖』が出た。宗朝は蓑助、女房雪路が扇雀。ところが白痴の男次郎は雷蔵ではなく四代目河原崎権三郎（後の三代目権十郎）だった。なぜだろう。理由、背景は何か？既に想像はつくと思うが、雷蔵が本音をズバリと語った事例は見当たらない。ただし、後年に一例がある。

中村鴈治郎著『一生青春』（平成九年）に載った「雷蔵の思い出」。鴈治郎は当時扇雀、後の坂田藤十郎。雷蔵は立派な映画スターの時、京都祇園町で二人は久しぶりに会食した。

なんで僕映画へ行ったか知ってるか？　と言います。「え？　別に……」。「歌舞伎は門閥がないといかんやろ。わしなあ、うまいことといったんや、寿海の養子になって、寿海いうたら君のお父さんより上や。ここまではよかったんや。それやのに君のほうがどんどん役がようなってなあ……。君が『高野聖』をやった時、わいは白痴の役やったろ。わし雷蔵やで。寿海の息子やで。わしのほうが上やと思っているのに、これはあかんと思った」と半分冗談でそう言いました。「せめて同じくらいの扱いをして欲しい」と、彼がそんなことを思ったくらいですから、他の人の胸の内はなおさらだったでしょう。

実力、人気ともに上昇した扇雀、鶴之助は〝扇鶴時代〟と言えるようなブームを起こしており、二人がこの時、もはや雷蔵を凌いでいたのは事実であった。だが、雷蔵は劇評にあるように黙々と白痴の役に取り組んでいたのではなく、我慢をしながらも演じていたのは多分、先に書いた寿海の教えを守ったのだ、と思う。出演しなかった続演の『高野聖』。出たくない、惨めは嫌だ、もう我慢も限界——ということだろう。雷蔵はこの役を限りに梨園を去る。悲壮な覚悟を込め、重い「決断」をして……。

〝三馬鹿事件〟と〝脱退事件〟

雷蔵が歌舞伎から離れる引き金になったと言えるのが昭和二十九年の大阪歌舞伎座「六月大歌舞伎」と、書いた。雷蔵の〝高野聖事件〟だ。同時に、鶴之助の〝三馬鹿事件〟と〝脱退事件〟もこの時期に生じていた。

振り返る前に、伝説の〝扇雀ブーム〟について触れておこう。

昭和二十八年八月六日初日、二十七日千秋楽の東京・新橋演舞場。「東京・大阪合同大歌舞伎」公演の第二部で『曾根崎心中』が上演された。この演目は原作・近松門左衛門、宇野信夫・脚色・演出による復活初演。「近松巣林子生誕三百年記念上演」と銘打っていた。徳兵衛が二代目鴈治郎、天満屋お初が扇雀、叔父久右衛門が蓑助。鴈治郎・扇雀の父子共演である。

『新橋と演舞場の七十年』という記念出版本にこうある。

「鴈治郎の徳兵衛は『先代譲りの空々しさがすっかり消え、もちろん身に就いた努力作で上出来』、扇雀のお初が『可憐さ、年に似合わぬ心理の粒立った表現、その陰翳のクッキリしている点』」と『劇評』二十八年九月号で加賀山直三が絶賛した評を載せている。扇雀はその後、同年十二月・京都南座で再演し、翌年から次々とお初を演じていった。弱冠二十一歳で喝采を浴び、一躍スターに駆け上がった記念的なエポックだった。しかし、この〝扇雀ブーム〟こそ、雷蔵、鶴之助に微妙に影響を及ぼすのである。

さて、鶴之助。昭和二十九年、大阪・中座七月公演「納涼歌舞伎」に出演した。『花の生涯』で村山たか女、『野崎村』（『新版歌祭文・野崎村の段』）はお染。『幕間』八月号に載ったのは、興味深い予兆だった。

八月は寿海、寿三郎以下関西歌舞伎の主力の東上に同行するものと予想されていた坂東鶴之助丈は俄然東上を見合わして八月は休むことになり又しても楽屋すずめに話題を提供しているが、当の噂の主の鶴之助丈は新聞《マ》西新聞《マ》社の後援で八月二十三日道頓堀の中座で舞踊研究発表会を催すことに決定。目下、その準備に忙殺されている。

鶴之助は七月の中座公演には出演していたのだが、翌八月は休んでしまった。それも突然に、だ。上記はその不穏な影を示していたのだった。休んだ、正確には降りたのが東京・歌舞伎座「八月興行関西大歌舞伎」。既に触れたが、雷蔵が出なかった『高野聖』が再演された興行である。〝三馬鹿事件〟の理由が分かる。

この興行で鶴之助は『白縫譚』の愚かな若様・鳥山犬千代、『高野聖』は白痴の男・次郎、『伊勢音頭恋寝刃』では頭が少し足りない三枚目の仲居お鹿に配役され、それを拒否、休演を申し入れたのである。犬千代は延二郎、次郎は権三郎、お鹿は延二郎になった。

武智鉄二が自著『武智歌舞伎』でズバリ端的に〝三馬鹿事件〟を指摘した。

（右の）三つの役がふりあてられたことに対して、鶴之助が休演を申し入れた事件を指すのである。これは考えようによれば鶴之助の年齢からいえば、そう不足のいえる役ではないかも知れないが、何しろ売出しの若い役者が馬鹿な役ばかりさせられるということは、歌舞伎の世界の常識では一寸考えられない事であり、おまけに競争相手の扇雀が『高野聖』の主役と、『心中天網島』の通し狂言での小春という重要な役ばかり取っているのと比べて、そのあつかいがあまりにちがいすぎるというので、問題になったのである。

雷蔵の例と類似しているのに驚くだろう。

武智によれば、休みになって相談に来た鶴之助と企画したのが舞踊研究発表会だった。

この発表会で、武智指導の一中節『天網島』の治兵衛が鶴之助、小春が吉村雄輝。鶴之助振付の『羽衣』は白丁、天女が花柳有洸という舞踊が披露された。「野心作『天網島』は絶賛を博し、世の注目を浴びた。当日は東京から急ぎかけつけた中村芳子、赤間大阪府知事、井上八千代、尾上菊之丞ら各界の名士の顔も見られ、立錐の余地もないほどの盛会を極めた」という記述が出ている。

そして、ついに〝脱退事件〟が起きる。

昭和二十九年九月一日。鶴之助は松竹、関西歌舞伎からの脱退を発表。翌二日、その声明が新聞朝刊に躍った。三日が初日の大阪・歌舞伎座「九月興行大歌舞伎」の前日。鶴之助も出演する興行である。劇界は騒然となった。

「九月二日の朝刊を見た時ほど最近で驚いたことはなかった。（中略）まさしくそれは青天の霹靂《へきれき》であった」と、仰天した文章を自身が編集・発行人の『幕間』十月号に書いたのは関逸雄。〝爆弾声明〟と呼び、事実関係の詳細を分析しているので、とりあえず掲載に出てくる大阪・歌舞伎座「九月興行大歌舞伎」を書き出す。

座組は寿海、仁左衛門、鴈治郎、鶴之助、扇雀、延二郎ら。演目は昼に『賀の祝』『頼朝の死』『月雪花誌』『ゆかりの紫頭巾』。夜は『地獄変』『箕輪の心中』『再春菘種蒔《またくるはるすずなのたねまき》（「舌出し三番叟」）』『恋飛脚大和往来・封印切』。鶴之助は『頼朝の死』で小周防、『地獄変』は娘露草。『再春菘種蒔』の三番叟。この役について「『頼朝の死』は畠山重保ではなく小周防。最後の舞台という緊張から物凄い熱演」、「『月雪花誌』は扇雀お艶、相手役新助は延二郎（これは鶴之助のものなのに）」、「『再春菘種蒔』の三番叟、これは傑作」と皮肉を込めて評価されている。

そこで、関逸雄の「鶴之助よ何処へ行く・関西歌舞伎にために、彼自身のために」という見出しが付けられた長文を読もう。

ここでは新聞報道に至った事実関係に触れていた。まず、鶴之助の不満。上記の九月興行の当初、鶴之助と扇雀による舞踊『かさね』が予定されたのだが、清元が揃わないという理由でお流れになった。ところが鶴之助が舞台稽古に行くと、『かさね』に代わって扇雀が主役の『月雪花誌』が何と清元地だったという。

「彼としては全くペテンにかかった気持で、稽古場にゐても面白くないまま彼は自分の不満を、彼と密接な間柄にあるT氏に電話で打ち明けた」。T氏とは武智鉄二。その時、武智が主宰する演劇雑誌『演劇評論』の座談会が自宅で行われていた。電話内容を知った座談会メンバーの一人が共同通信に伝え、その社員が鶴之助の楽屋で取材し、ぶちまけた不満が翌日の新聞記事になった、というのである。ただし、関逸雄は『幕間』十一月号の編集後記で、細かい事実関係の誤りの訂正、お詫びを書いている。

いずれにしても鶴之助の不満内容にほぼ間違いはなかった。その後の十一月に松竹と和解した鶴之助は、東京に移って二代目尾上松緑の世話になる。

これまで幾度となく引用してきた『武智歌舞伎』だが、武智は〝脱退事件〟の翌三十年発行のこの自著で暴露していた。

『かさね』から『月雪花誌』に変更された経緯を詳細に書き、「とにかく、こんな不明朗な世界には住んでいられないという理由で、鶴之助は関西歌舞伎離脱の声明を発したのであつた」。

加えて雷蔵の〝高野聖事件〟にも、こう切り込んだ。


さて鶴之助の離脱はただ彼だけに止まらなかつた。市川壽海の養子の雷蔵は、鶴之助のあつかわれ方を見て、自分が現にその前の月の七月（六月が正解）興行で『高野聖』の馬鹿亭主の役一つだけをもたされたという苦い経験をなめていたので、鶴之助のような腕のある役者でさえあのようなあつかいをうけるのだから、自分のようなものは歌舞伎にいたつて到底駄目だと見切りをつけて、さつさと大映で映画をとる約束を結んでしまつた。その時雷蔵が新聞記者に「歌舞伎では喰つていけませんから映画に出ます」といつたのを、大谷竹次郎が腹を立てて、「歌舞伎で飯を喰えるほど修業したか」という子供つぽい、しかも思い上つた発言をしたため、雷蔵は余計に意地になつて、大映と専属契約を結ぶにいたつたのであつた。

雷蔵のめざめの「春」は終わりを告げた。別れ道の映画へ。燃えるような「夏」の季節に向かうのである。

コラム2　雷蔵の体格

生まれつき身体が弱かった雷蔵は子供の頃、体育の授業の成績が芳しくなかったので、運動神経もいいとは言えなかった。それに、歌舞伎の世界から映画界へ転進した二十二から二十三歳当時は身体が硬かったそうだ。

細川俊之によると、確かに運動神経は鈍かったものの、腰は座っていたという。身長は五尺六寸五分と答えているから約一メートル七〇センチ。相手役としてごく近くで共演した女優藤村志保は「首筋とか肩とか上半身が綺麗な方でした」（『サンデー毎日別冊　市川雷蔵』一九九〇年）と語っている。

宮川一夫撮影監督は「足腰が弱く、正面はいいが、後ろになるとひ弱になる」。時代劇俳優としての初期をそう見ていた。本人も身体が細いことを気にしていた。で、奮起したのである。

日本舞踊の仕舞、剣道、弓道までも稽古をした。さらに――。何と相撲を始めたのだ。住まいのある京都で、同志社大学の相撲部へ出向き、四股《しこ》を踏んだ。相撲部のパーティでは学生らを連れて肉を食べさせ、稽古のお礼に風呂を寄付した。

本郷功次郎に再登場してもらおう（『季刊フリックス　市川雷蔵』のインタビュー）。

「雷蔵さんは、とにかく、ぼくが体格いいのを羨ましがっていましてね。自分は華奢《きゃしゃ》だから。でも、薬の飲みすぎですよ。すべての栄養を薬でとってた。それで、やたらと詳しい。医学の本が自宅に山と積まれていて、それを全部読んでたんですから。お医者になっても、有名な博士になってたと思うね（笑）」

「雷蔵さんは、運動オンチでね。飛べ、といっても、10センチも飛べない。100メートル走るのに、20秒かかる。（中略）あの、運動神経のない雷蔵さんが、なぜ、あんなに魅力ある立ち回りをできるのか……一振り一振り、知恵と工夫をしぼり切って生まれたもの。そうやって、架空のものを創りだしていたんですね」

歌舞伎の芝居や立ち回りにしても、映画の演技や立ち回りにしても、重要なのは運動神経の良さではなく、歌舞伎なら型をどのように美しく決めるか、映画でもいかに素早い殺陣をするかである。雷蔵はそれを追求したのだった。

ところで、雷蔵は目も悪かった。視力が両目0・3。天王寺中学一年の時、若草山で親友と遊ぶ写真ではもう眼鏡をかけていた。近眼だったため、映画デビューの頃は、期待される俳優ではなかったのである。

雷

映画界入りは本心からか？［七不思議 第五］

雷蔵は果たして本心から映画俳優になりたかったのだろうか。裏返して問えば、歌舞伎から離脱する後悔はなかったのか。それが「第五の謎」だ。「春」の歌舞伎界から「夏」の映画界へ。役者として最後の役になった次郎の舞台を演じ終えた彼はだが、いまだ〝のらりくらり〟とした思いを残しつつ、スクリーンに向かった。

「しかし、本当のことをいうと、当時ニキビがひどかった私は、顔から来る感じだけでも、映画には一番適さない人間だと思って別段気にもとめていなかった」と、これは「私の秘密」の告白。無関心だったという当時とは、昭和二十九年六月に『高野聖』の次郎を演じた前後一年の頃を指すのではないか。この手記で仲間の扇雀、鶴之助らが映画に出演するようになり、雷蔵にも一度、大映から下検分のような話があったものの具体化しなかったと書いている。

続いて「ところが更に月日が流れるうち、中村錦之助君、東千代之介さんも映画入りをして成功するようになってきて、二、三の映画会社からしばしば話がかかってくるようになった」。時期的に多少の記憶違いがあるようだが、この二十九年に鶴之助、錦之助、千代之介がスクリーンデビューし、扇雀も東宝と専属契約を結んでいた。

雷蔵の気持ちが動いた。最初に話をくれた大映に打診したのだ。返事は良好。常識的に考えればすんなりと映画界入りだろう。ところが、雷蔵は違った。いかにも彼らしいところだ。「しかし、この時も私の気持は例によって日和見的な態度で、映画に試験的に出てみて、万一悪ければまた歌舞伎へ帰って来ても、もともと位のものだったのである」。

この手記は映画入りして二年ちょっとの二十五歳時のものだが、大映との契約を終えた後を回想している。それがどうやら、悲壮な覚悟を持っていたのか疑いたくなる心境にも思えるのだ。

雷蔵とは、何者なのか？

「これまた私式にのらりくらりと、そのまま映画界に入り込んでしまった形である。私はいまのところこのまま歌舞伎を捨ててしまう気は更にないが、自分の本当に生きて行く場所は、やはり映画界ではないかという気持も起こりかけている」

悩みに悩んで、揺れに揺れて逡巡した理由の一つが、最初の養父母である九団次夫妻、さらに二番目の養父母・寿海夫妻に不孝をかけることになるというのである。歌舞伎俳優としての期待から養子に迎えてくれたのだから……。「最初、私が映画に出るという話を現在の両親に持ちかけた時、もとよりいい顔はされなかった」と、実に正直に白状しているのだ。従って、「第五の謎」が浮かぶ訳である。

寿海は自伝『寿の字海老』では次のように書いていた。

ある日、雷蔵は大映の映画に出演したいという話を持って来ました。私が松竹の舞台に出ているので実のところ、少々困ったのですが、こういう社会で育っていながら私は元来、人の自由を束縛することの嫌いな人間ですから、雷蔵の熱意に動かされて、それでは自分の道を歩けといって映画入りを許してやりました。

ある日の時期はいつか、分からない。しかし寿海は、雷蔵が役柄などに不服を述べ始めて一年ほど経った頃、と書いている。恐らく下検分の話があった頃の昭和二十八年か、あるいは二十九年六月の『高野聖』に出る前のある日、と、私は推測している。

ここで挿話を一つ。

先にも登場した廣田一さんの回想である。廣田さんは松竹演劇本部顧問などを歴任しただけでなく、寿海に頼まれて昭和三十年頃にはマネージャーのような形の相談相手になった演劇人である。インタビューに詳しく明かしてくれた。

それによると、雷蔵と大映との正式契約に当たり、会社側が契約書に加えて承諾書を一枚、付けてきたという。「映画出演を承諾する」。寿海夫妻の承諾書に判子を押させたのだった。元々、承諾書などはなくても良かったらしい。この時の様子、また、夫妻の前後の気持ちを交えたと思われる話が、ある真相を突いている。

「映画に行ってしまう。何のために養子にしたのか」

「本人が映画に出たいのだからしゃあないが、映画に出ると決まった限りは、とやかく言わない」

「養子という意識がない、遠慮がない。一方で、逆に実子の意識でいる」

寿海の本音と共に廣田さんが抱いていた雷蔵への実像も語ったところによれば、〝実子の意識でいる〟点が面白いのだ。「プレッシャーがなく、言いたいことを言う。『なんでいかんのや』」と廣田さんにも食いついたそうである。「武智歌舞伎」時代、武智鉄二に詰め寄ったエピソードを紹介したように、雷蔵の子供のような反抗、また毒舌癖は治っていないのが私には愉快である。しかし、寿海の妻らく夫人は「ウチは映画の人はいらない。歌舞伎俳優が欲しい」と、気に入らなかったそうである。

雷蔵は大映と契約を結んだ。二十九年の六月とされている。この年に三本出演の本数契約だった。さて、六月のいつか？　白痴の次郎を演じた『高野聖』の大阪歌舞伎座「六月大歌舞伎」の初日が五日、千秋楽が二十七日。六月は三十日が月末だから、閉幕後と見ればわずか三日しかない。この間だろうか。とにもかくにも、続いて十一月、年間六本出演の正式な専属契約を結んでいた。

歌舞伎では思うようにならなかった雷蔵は後に語っているが、九団次夫妻からの慈愛、寿海夫妻から受けた薫陶と礼節を尽くす決意、同時に「桃栗三年柿八年　だるまは九年おれは一生」という尊敬する武者小路実篤の言葉を胸の奥に潜め、二十二歳の青年が第二の演技者人生を走り出したのだった。

映画俳優雷蔵の中の歌舞伎役者雷蔵

大映・永田雅一社長の熱心な誘いもあって雷蔵は正式な専属契約を結んだ。〝美貌の時代劇スター〟として売り出そう——。デビュー作『花の白虎隊《びゃっこたい》』と『銭形平次捕物控　幽霊大名』と、そして『千姫』が本数契約の三本。次の新しい契約をする間に唯一の他社出演となった美空ひばりとの共演作『歌ごよみ　お夏清十郎』を撮り、そして初の単独主演作である『潮来《いたこ》出島　美男剣法』から専属契約の出演を開始していった。映画俳優市川雷蔵は順調に走り出したのである。

ところで私は、映画界についてはあくまで門外漢であり、映画俳優の雷蔵という興味よりも出演映画の中、さらに映画界の中で躍動した雷蔵を知るのが主題だ。それに映画と雷蔵については二冊の名著がある。田山力哉著『市川雷蔵かげろうの死』（講談社、一九八二年）、村松友視著『雷蔵好み』（前掲）。大いに参考にさせてもらった。私としては、映画俳優雷蔵の心の中に歌舞伎俳優雷蔵がどのように潜んでいたか、という仮想をしたかった。従って、極めてミクロ的なアプローチとなる。

雷蔵が演じた多くのシリーズの中でも歌舞伎の外題を素材とした〝歌舞伎もの〟というか、〝歌舞伎的時代劇もの〟と呼ぶシリーズから始めよう。

一番目が『忠臣蔵』だ。映画俳優となって五年目、昭和三十三年（一九五八）に公開された四十二作目だった。オールスター総出演の大作、大石内蔵助を演じたのが長谷川一夫。ここで注目したいのが浅野内匠頭に扮した雷蔵は冒頭・松の廊下の場面で玉子色の大紋を着けていた点。大きな紋が長く広い大きな袖に染められた大紋。映画ではこの色は稀な例らしい。たとえば東映映画『赤穂浪士』で内匠頭の大川橋蔵が浅葱色を着たように、浅葱色を着けた作品が主だという。歌舞伎の名作『仮名手本忠臣蔵』の塩冶判官（浅野内匠頭）は分別があり、温厚さを示す玉子色である。雷蔵は本格を希望した、と思うのだ。

二番目は『弁天小僧』。やはり三十三年に公開された五十二作目。役柄は弁天小僧菊之助。見せ場である浜松屋のセットは歌舞伎舞台と同じ。美術監督だった西岡善信が次のように証言している（西岡善信「映画美術のうらおもて――雷蔵映画を中心に」、室岡まさる『市川雷蔵とその時代』徳間書店、一九九三年）。

「あの時は、雷蔵さんも舞台の弁天小僧をやるのは初めてで、寿海さんが舞台の袖にいて、もうつきっきりで手取り足取り教えていました。それがやっぱりね、ウワァ〜、きれいやなァやっぱり雷蔵さんは歌舞伎の出やからきれいやなァと感心しましたよね。正調だがちょっと崩してあって」。長谷川一夫が励ましのためセットを訪れたという。

青山京子が演じたお半との斬新なラブシーンが話題にもなった。ファンクラブ・朗雷会代表の石川よし子は「美しくなければ弁天ではない。しかもきめ細かな情感をたたえた雷蔵の弁天小僧は、女を売り飛ばしたりする小悪党ぶりも小気味がいい。目がきれいなだけに……お半を折檻する冷えた目ざしは前髪立ちのみずみずしい若衆だけに凄絶だ」（『季刊フリックス　市川雷蔵』）と礼賛していた。

次は三十四年公開の『若き日の信長』。雷蔵は上総介信長。松本白鸚が市川染五郎の名で出ていた。この後、雷蔵は『お嬢吉三』『切られ与三郎』『好色一代男』『中山七里』『手討』『華岡青洲の妻』と、〝歌舞伎的時代劇もの〟の主演作を作っていった。

『切られ与三郎』は、ファンに人気があった。『与話情浮名横櫛』が題材。雷蔵自身が企画したのである。雷蔵が与三郎、お富は淡路恵子。「源氏店」の場面では多左衛門の別宅でお富と再会する。玄関先に座り込んだ雷蔵は濃い脛毛が生えた両足を組んで、からげた両手を膝の上に置いた姿になる。それを養父寿海が丁寧に、嬉しそうに教える写真が残っている。

三十七年に公開された九十八作目の『中山七里』。これは確か以前に書いたが、歌舞伎役者莚蔵の名で初舞台の演目で十六歳の時。今や三十一歳になった映画俳優雷蔵はこの年に結婚している。主役政吉は感慨深いものだったに違いない。

ライバルだった勝新太郎の特別手記「雷ちゃんの匂い」が残っている。『季刊フリックス　市川雷蔵』に掲載された追悼文である。殺陣《たて》について自分と比較しながら書いている。

始めの頃の雷ちゃんの立ち廻りは振付の様な立ち廻りだった。私はぶつかる様な立ち廻りをしていた。私が二人斬る時には、雷ちゃんは五人斬っていたと思う。それは日本舞踊を子供の頃から学んでいたせいだろう。まるで『黒田節』を舞う様に立ち廻りをしていた。

『中山七里』の頃から、その振付的立ち廻りを変え、ぶっつけ本番の様な、振付とはほど遠い危険な殺陣をする様になった。ずい分大勢のからみの人達がけがをした。

リアルな立ち廻りを身に付けたのだ。また、「その口跡（声）のよさは天下一品でした。低い声（呂《りょ》の声）と高い声（甲《かん》の声）を自在にあやつり、実に雷ちゃんの台詞は聞いていていい気持ちにさせてくれた」と、大映名物の〝カツライス〟時代を懐かしんでいた。

雷蔵は『新源氏物語』で寿海と共演したり『女と三悪人』では劇中劇で弁天小僧を演じていたのだが、ここで映画俳優としての評判や評価を書いてみる。主に参考としたのが自筆エッセイ集『雷蔵、雷蔵を語る』である。

映画俳優として最初の転機が来たのが三十年公開の『新・平家物語』だった。『新・平家物語』と『炎上』を忘れられない二本に挙げていた。

「この『新・平家』まで約一年の間に十一本の映画に出演したが、批評家の方にどうといってほめていただけるような作品はなかった」

役は平清盛。監督溝口健二。映画雑誌『キネマ旬報』のベスト作品第四位に選ばれた。雷蔵自身の感想はこうだ。

歌舞伎には十六の時から入ったので現在（三十年九月）まで約十年ほど芸界にいたわけだが、歌舞伎にいた八年ほどはほとんど芝居らしいこともさせてもらわなかった。例の武智氏のいわゆる武智歌舞伎に加入した期間は本当に勉強になった。

今日『新・平家』に出演してみると、あの武智歌舞伎のホンのわずかの修業が、大いに自分を勇気づけてくれる。もしダラダラと映画に入るまでを何の勉強もせずにいたら、とても溝口監督についていけなかったと思う。

演技の解釈、表現方法など基本的な基礎は歌舞伎から学んだと明かしていた。

雷蔵ブーム

ところで、ほぼ同時期の三十一年に語った決意がある（「私の秘密」）。

団十郎の『勧進帳』のように、自信を持って大らかな気持で、大見得がきれるよう、精進に精進を重ねねばなるまい。

やがて〝雷蔵ブーム〟がやってきた。三十四年前後である。『炎上』の公開は三十三年の夏八月。原作が三島由紀夫の『金閣寺』、監督市川崑。

市川監督の感想。「雷蔵くんの顔は、いわゆる二枚目俳優とは違う。嘗《かつ》ての日本映画を代表する美男スター長谷川一夫さんの彫りの深さや、上原謙さんの都会的秀麗な顔ではなく、強いていえば平凡な顔立ちである。その平凡さが彼の役者というものに賭けた情熱と努力によって、非凡さにつながったのだと思う。リアルで切れ味のいい、あらゆる可能性がそこにあったように思う」(「雷蔵の素顔」市川雷蔵写真集『孤愁』マガジンハウス、一九九一年)。

次に市川監督の評価。「『炎上』のときだんだん内面的なものが演技に重なってきた。口には出さなくても感じましたね。本人は飄々とやっているんですが、僕が何も言わなくても、何となく悲哀が出ている」

「よく解釈すれば、何を演じさせてもチャーミングだと。事実そういう面はありましたね。僕なんかは雷ちゃんの顔がね、美男子でないのがよかった。醜いわけじゃなく、木彫りの人形そのものとでも言うか、それがいい雰囲気を持っているから、白粉を塗ろうと、泥を塗ろうと、布を被せようと、それぞれにいい人形が出来る。それを多面性と解釈すればいい」(石川よし子編『わたしの雷蔵』国書刊行会、二〇〇八年)

雷蔵自身となれば、その意気込みはどうなのか。当時の言葉が『甦る! 市川雷蔵』に再録されている。

「現代劇には一度出演してみたいと思っていました。それがこの〝炎上〟で叶えられたわけですが、時代劇専門だった私が現代劇に出る以上は、単なるメロドラマではなく、特異な役柄でなければと思っていました。人づてに聞くと、原作者の三島由紀夫さんも僕を主人公に推して下さったということです。私も演技者としての一つの跳躍台に立たされたような気がします。内面的な演技というよりは、ごく平凡などこにでもいるという一人の青年の姿をたんたんとしたムードでやっていきたいと思っています」と、語り口は静かでもメラメラと赤く燃えるようだ。

三島由紀夫の美文が素敵だ。十年ぶりの歌舞伎出演だった日生劇場公演の筋書きに出ている。

世評の高かつた君の『妹背の道行』の求女を見てゐない。しかし、その後、映画で見る君の藝風、容姿から考へて、求女がいかに適り役であつたか、想像するに難くない。目の美しい、清らかな顔に淋しさの漂ふ、そういふ貴公子を演じたら、容姿に於て、君の右に出る者はあるまい。（中略）「炎上」の君には全く感心した。市川崑監督としても、すばらしい仕事であつたが、君の主役も、リアルな意味で、他の人のこの役は考へられぬところまで行つてゐた。ああいふ孤独感は、なかなか出せないものだが、君はあの役に、君の人生から汲み上げたあらゆるものを注ぎ込んだのであらう。（「雷蔵丈のこと」）

雷蔵は三島由紀夫を尊敬し、また親しかった。それが三十九年に公開された三島二本目の原作である『剣』に繋がっていく。

さて、猿若清方氏へのインタビューを「映画編」の終幕としよう。

ではなぜ、氏なのか。現在は日本舞踊猿若流で門弟らを指導する舞踊界の重鎮だが、まだ九歳と幼い頃から吉右衛門劇団に所属し、名優十七代目中村勘三郎の部屋子として歌舞伎の修業、若き日には中村豊（本名・堀越豊）の名でも映画俳優として大映の時代劇に出演。雷蔵とも共演していた。つまり、歌舞伎と映画を共有した仲である。

二人は雷蔵が十歳年上。初対面は氏が吉右衛門劇団の時、雷蔵は襲名の翌年の時期のようだ。覚えているのは、雷蔵が養父寿海と一緒に東上し、関西歌舞伎の俳優が参加した歌舞伎座での公演。昭和二十七年（一九五二）の「七月大歌舞伎」と「九月大歌舞伎」に寿海、雷蔵が参加していた。十七代目勘三郎も出ていた「七月大歌舞伎」が恐らくその公演ではないか。

楽屋で挨拶したのが最初。「東京の人とは違うな」。まだ十代の少年の目に写った第一印象だった。「凄い真面目な、あんまり冗談を言わないような。礼儀のいい人」。今、振り返れば「アドリブが効かないサラリーマンのような人だった」というのだった。

氏は十八歳の昭和三十四年から六年間、映画俳優の生活を体験した。雷蔵との主な共演作品を書き出す。

三十五年が『大江山酒天童子』と『続・次郎長富士』、翌三十六年が『好色一代男』、以下『忍びの者』や『続・忍びの者』『新・忍びの者』『手討』、また四十一年の『忍びの者新・霧隠才蔵』にも顔を出していた。

映画界入りすることになった氏が、まず最初に大映京都撮影所へ挨拶に行った時の思い出。長谷川一夫、勝新太郎、そして雷蔵と俳優会館で再会した。「久しぶりやな、何年前やろかなあ」と雷蔵。氏は「歌舞伎のことを覚えていたので、驚いた」そうである。以降、毎月のように俳優会館で会い、「よろしくお願いします」と言っても相変わらず、会社員タイプ。「あ、おはようさん」と多くはしゃべらずにただ新聞を読んでいたという。あるいは会話をすれば映画や演技の話ばかりだが「雷蔵さん」「豊ちゃん」と呼び合った。ちなみに、勝新太郎とは「豊」「勝兄」である。

それでも、剽軽《ひょうきん》な雷蔵を物語るエピソードがある。

「きょう、若尾ちゃんがここに座るで。ええか、座るよ、（台詞は）大丈夫かな?・」。氏が若尾文子ファンなのを知っていて、年下の青年がどぎまぎする様子を見たかったのだろう。三十八年の『新・忍びの者』に雷蔵は石川五右衛門、若尾文子が淀君、赤目の仙吉の役で中村豊こと清方氏も出ていた。撮影の合間、冷やかしたのである。「知ってるがな。有名やがな」と、雷蔵は「豊ちゃん、あんたのファンだってよ」と若尾にバラしたそうだ。その若尾。「そうですかあ」。清方氏は「芝居がやりにくかったねえ。可愛いがってもらったけど、冷やかしなんて珍しい人。男ぽかった」という。

また、大映京都撮影所には野球チームがあった。「雷蔵チーム」、「中村豊チーム」と「中村ゴールデンズ」。雷蔵が監督の「雷蔵チーム」は照明さんらスタッフ中心。ユニフォームには「RAIZO」、帽子には「R」と書かれた。氏が勝新太郎に相談し、勝の「ああ、いいよ」との承諾を得た「中村豊チーム」は立ち回りの連中が集まった。中村錦之助率いる「中村ゴールデンズ」と「雷蔵チーム」の対戦。三十三年十月、京都・伏見警察学校グラウンドで行われた時の写真を見ると「雷蔵チーム」は0対9で負けていた。俳優らの雰囲気は和気藹藹《あいあい》だったのだろう。

雷蔵と二人の時の話題だが、たとえば、前日見た扇雀の芝居の感想も話した。氏は映画界へ移るに当たり、相談した父の先代猿若清方には「出たら帰れないね」と言われたという。そして師匠の勘三郎には「まだ舞台の修業をしたい」と自分の考えを伝えて先方に一度は断りを入れている。「映画俳優になったらもう歌舞伎には戻れない」。しかし、その後に「三年だけ行ってらっしゃい」と勘三郎からの意見を聞き入れていた。錦之助にしても雷蔵も、もはや歌舞伎の一座ではない、出戻りは効かない。当時はそれが決まり、暗黙の縛りだと思われていたのだ。雷蔵も当然の如く熟知していただろう。氏が語った芝居の感想、歌舞伎へ戻る困難さ。雷蔵はどのように聞いていたのだろうか。

雷蔵は『眠狂四郎』シリーズなどのヒットを飛ばして一気にスターダムへと駆け上がり、遺作『博徒一代 血祭り不動』を含む一五八本に出演した。一方の猿若清方氏は清三郎の名を経て昭和五十六年、猿若流八世家元として二代目猿若清方を襲名。平成二十四年に長男猿若裕貴に家元を譲り、猿若流筆頭の現役舞踊家として活躍している。

雷蔵は、映画俳優の時代に歌舞伎を一時も忘却してはいなかったことは間違いない。私の総括である。生涯を終える直前まで雷蔵は、生い立ちから続いた運命の不思議、歌舞伎への思いを抱えていったのがいずれ、分かるだろう。

実の両親を知ったのはいつか？【七不思議 第六】

映画俳優となって十二年目の昭和四十一年（一九六六）、雷蔵は実の母親中尾冨久さんと劇的な再会を果たした。その詳細は後述するのだが、彼が信じていた九団次夫妻ではなく本当の両親は全く別の人だったのは既に書いた。では、その事実を知ったのはいつなのか。それが六つ目の謎だ。雷蔵の発言を調べると、違いがあるからだ。

「私自身の出生の秘密を、私はずいぶん知らずにきました」と、語り始めるのは「私の愛と生活の条件」（『若い女性』昭和三十四年三月号）である。続けてこのように断言していた。

「私がそれを知ったのは、天王寺中学に通っていた頃――十六歳のときでしたが、私も九団次も、口に出していいませんでしたし、九団次も、それについては一言も触れませんでした」。

十六歳！　これが最も早く知った時だという。本当なのか？

雷蔵は昭和十三年（一九三八）四月、大阪市立桃ケ丘小学校に入学し、同十九年四月に名門、大阪府立天王寺中学（現・天王寺高校）に入学した。十三歳。色白の女の子のような雰囲気から〝オジョウ（お嬢）〟の愛称で呼ばれていた中学生時代。しかしながら三年で中退していた。その後、九団次の下で歌舞伎役者の道へ進んで同二十一年に初舞台を踏んだ。十六歳とはこの頃である。中学を退学し、歌舞伎の修業を本格的に始めたばかり、という時期に当て嵌まる。

実の両親は勿論、真実を明かす機会はなかった。最初の養父母である九団次夫妻はわが子同様、いや、それ以上に大切に育てた。口を閉ざしていたのは間違いない。雷蔵が九団次夫妻を父、母だと疑うことなく成長し、成人してからも感謝の言葉の限りを尽くしていた。従ってこの子供の頃に雷蔵の耳に入っていたとは考えにくいのだが……。

次の資料は同二十六年、十九歳の時だとしている。すでに紹介した『甦る！ 市川雷蔵』の「市川雷蔵物語」に出てくる。

その日、雷蔵は、初めて自分に母が二人いることを知った。昭和二十六年の四月下旬のことである。今迄夢にも考えない事であった。

何と克明な記述だろう。年月を明確に示したのはこれだけだ。さらに続く。

その日雷蔵は、大阪中の島公園の家庭裁判所から呼び出しを受け、何気ない気持ちで出かけて行った。要件は今度、雷蔵の父の市川九団次と関西歌舞伎の名門市川寿海との間に、めでたく雷蔵を養子縁組みさせる話がまとまった事に就いてであった。養子縁組みの届けがあると、家庭裁判所では、一応当事者双方を呼出して事情を聴取する。そこで雷蔵は裁判官から戸籍謄本を見せられ、初めて自分が市川九団次の養子である事を知ったのだった。

そして、こう付記した。
九団次もそのことに就いては、雷蔵にいたずらに肩身の狭い思いをさせてもと、今迄うちあけた事もなかったし、雷蔵の知らなかったのも無理もない話だった。一体、自分の本当の母は、父は、誰なのだろう？

これを機会に九団次は詳細な生い立ちを打ち明けた、と続けている。フィクションとは思えないほど、具体的に細かく描いている。ただし、実際は中学入学の事実を高校入学とあるのはご愛嬌としよう。

初めて知ったのが昭和二十六年の四月下旬とするならば、雷蔵と寿海夫婦との養子縁組は四月三十日が固めの式、六月一日に披露されていた。「スタア小説」が描写する、養子縁組に必要な戸籍謄本を見たというのは真実味がある。村松友視氏の『雷蔵好み』も寿海夫婦との養子縁組の前後と推測しているが、その以前から薄々気づいていた、とも書いている。

三番目が前にも引用した『娯楽よみうり』で大宅壮一との対談。昭和三十一年の「おしゃべり道中」で、打ち明けていた。

大宅「それから寿海さんとこへいかれたわけですね」

雷蔵「ボクはもとをただせば若いわりに運命論者みたいなとこがあってね。九団次の実子ではないのですよ。こないだの九団次のお葬式のあとのお供養のときに集まった親類の人から聞かされました。ボクもうすうす知ってたけど、あなたは九団次の子ではないというんですね。いまの家に養子にいったとき、戸籍謄本をみて知ってたけどね、それまで全然知らなかった」

九団次が亡くなったのは昭和三十年十月二十六日である。数日後に通夜・葬儀が行われたのであろう。亡き人を偲び、口が軽くなる精進落としの席で知ったとしても不思議ではない。だが、雷蔵に血縁はいない。養父母九団次夫妻の親類ということになる。九団次、あるいは伯母にも当たる九団次夫人の母はなぜ明かしていたのか。真実は、闇の中だ。それでも薄々知っていたのは、戸籍謄本を見た時だと語っていたのを注目したい。

幾度となく引用した自筆手記「私の秘密」だが、ここで出生の秘密を書いていた。「まず、私の出生そのものに秘密があった。この秘密を知らされたのは、比較的最近のことだが――」としていた。手記の掲載は三十一年。九団次の供養から間もないのだから、確かに比較的最近だ。雷蔵の記憶や発言がすべて正確とは言えないし、考えが変化していく時期もあるだろう。上記の大宅壮一には「運命論者みたいなところがある」と言いながら手記の書き出しでは「もとより私は、みずから運命論者だとも、また迷信家だとも思っていない」と、同じ年なのに正反対だ。

初舞台の頃の十六歳、寿海との養子縁組をした十九歳の時、九団次が亡くなった二十五歳の時。整理しよう。薄々気付き始めながら胸の奥深くに潜めていた子供心、目の当たりにした真実、そして確信に至った親類の話……と考えればいずれも間違いではない、と私は思う。

雷蔵は後年、妻雅子さんに打ち明けていたのである。平成二十一年（二〇〇九）五月号の『文藝春秋』。没後四十年、雅子さんの最初で最後のインタビュー「夫・市川雷蔵へ四十年目の恋文」である。

複雑な生い立ちについては、結婚してから聞きました。「寿海さんのところへ養子に来るとき初めて、九団次さんではなく亀崎松太郎というほんとの父親がいることがわかったんだよ」と淡々と話してくれました。

さらに、このように述べている。

生みの母の冨久さんが、ひとめ会いたいと人を介して言ってこられたときは、「あなたも一緒に来る?」と聞かれましたが「私は行きません。あなたお一人でいらして、納得していらしたらいいんじゃない」と。結局、お会いしたのは一度だけでした。過去は引きずらない人でした。

ここからようやく、実母冨久さんと再会をした雷蔵に戻ろう。

昭和四十四年(一九六九)八月二十三日号の『女性自身』の記事「〝シリーズ人間・いま初めて名乗る故市川雷蔵の生みの母〟」がインタビュー構成で掲載している。

雷蔵との間を介した人とは吉田与一さん。吉田夫人の伯父が雷蔵の実父である亀崎松太郎、という間柄だ。吉田さんにできた初孫のお祝いのため大阪から来た冨久さんが、涙ながらに初めて真実を明かしたという。三十六年の九月のことだった。

その冨久さんが「あの子に会いたい」と切り出した同四十一年九月。吉田さんは雷蔵宛に手紙を書いた。間もなく、雷蔵自身から電話をもらった。「ぜひ、その母に会いたい」と。その返事を冨久さんに伝え、三十五年ぶりの対面が実現した。十月末の夜だった。

京都伏見の吉田家二階座敷。「こんばんは！　雷蔵です。おそくなりましたあ」。午後八時、自動車で来た雷蔵の元気のいい声。階下で待っていた冨久さんが階段を上がった。グレーの背広、紺のネクタイ。メガネをかけたわが子に「お久しゅうございます……」と言う冨久さんに応えた雷蔵。「私はなんとご挨拶申しあげましょう。お久しゅうだけでは、足らんような気がします。……お母さんというていいやら、なんというていいやら……とりあえず、ご壮健で、おめでとうございます」。

立派な役者になってほしいという母に雷蔵は「そうですね。よく、おっしゃってくださいました。私の人生は私自身で道をひらいていく。そんなつもりでおります。一生けんめいやりますよ」と、答えた。およそ三時間の再会。雷蔵はこの三年後に人生を終えている。

冨久さんはこの席で京都・左京区の真如堂に自分の墓を建ててある、と話していた。平成五年六月二十一日、冨久さんは亡くなっていた。真如堂（真正極楽寺）の内にある「吉祥院」に葬られている。再々婚で嫁いだ西谷家の墓所。西谷冨久、戒名は「西念院芳誉冨壽大姉」。ご住職の竹内純照氏によれば、ご主人の法要には姿を見せていたという。行年八十五歳の生涯だった。

コラム3　雷蔵と麻雀

雷蔵の趣味の一つに欠かせないのが麻雀だ。賭け事を好む証言はほとんどないのだが、麻雀に関してはいくつか見つけた。

その一。扇雀（坂田藤十郎）の妹、中村玉緒はこう語っていた。

「食事をいっしょにしたこともありません。雷蔵さんがまだ独身の頃は、父鴈治郎が正月にする麻雀旅行に必ずいらしてましたが、わたしも時たまそれに同行して顔を合わせるくらい」（石川よし子編『市川雷蔵』）。玉緒と雷蔵は映画で多くの作品で共演しており、二人の親しい仲を疑う噂も流れていたから、玉緒は食事さえしていないと、きっぱり否定したのだ。雷蔵も実際、兄妹のような気持ちと言っている。二代目鴈治郎とも映画で共演していたし、恐らく鴈治郎が誘った麻雀旅行だろう。歌舞伎の家同士の気さくな雰囲気だから、雷蔵は楽しんだのであろう。

その二。これは雷蔵が亡くなって開かれた二十三回忌追悼会での大映ＯＢの讃辞。『わたしの雷蔵』に収録された会報「らいぞう」に出てくる。

「雷さんには、マージャンをよく付き合いました。ある時のこと、青一色で聴牌を待っていたら、ラッキーなことに雷さんがポンと振り込んだ。『おまえ、礼儀を知らんのか！』爆笑でした。懐かしい思い出です。その頃、私は二万九〇〇〇円位のサラリーマン俳優でしたし、雷蔵さんは一本二五〇万円位とってました」。親しい仲間とはしゃぐ様子が目に浮かぶようでしょう。

その三。こちらは自身が明かした『雷蔵、雷蔵を語る』（昭和三十四年一月）。勝って鼻高々である。

この年の正月は京都のわが家（養父寿海夫妻の自宅）で元旦を迎え、しばらくぶりに親子三人揃って祝膳に付いた。

「その夜、同勢十四人、かねてからの予定通り、十一時の夜行で北陸の山代温泉へと勇んで出発しました。山代へ着いたのが朝五時、さっそく一風呂浴びて直ちに麻雀を始めましたが、朝飯も、昼飯も、麻雀をやりながらという熱中ぶりでした」。元旦を祝ったその夜には早くから計画していた麻雀旅行に出たのだから、用意周到な一方、かなり麻雀が好きだったのだろう。

ところが、である。

麻雀に没頭していた昼過ぎ、宿泊する旅館の隣旅館が出火したのだった。上を下への大騒ぎ。温泉旅館は木造建築だ。しかし、運が良いことに宿泊旅館の主人が消防の組頭。巧く消し止めたのである。二階から火事を見ていた、さすがは雷蔵。「このあたりは、江戸時代から有名な『加賀鳶』の本場ですから、消防も揃いの法被で実に威勢のいいものでした」と、間近で初めて見た火事にも感心している。

さらには、以下が雷蔵の本領発揮。

「その翌《あく》る日、改めて、麻雀大会を開催しましたが、そのトーナメントの一等を見事勝ちえて、こいつは春から縁起がいいと思いました」と、悦に入っているのだから愉快な人ではないか。

その四。『眠狂四郎女地獄』などの田中徳三監督が貴重な証言を残してくれた（石川よし子編『市川雷蔵』）。

雷蔵が結婚する前の正月というから昭和三十六年、雷蔵三十歳の時である。

「一緒に行かないかというので箱根へ行ったことがあるんです。僕と池広（一夫監督）とキャメラ、大道具などのスタッフと、暮れから二日間位の予定で行って、毎日朝から麻雀やったり、みんなでワイワイやっていたら、旅館に電話がかかってきた。養父の寿海さんの奥さんが亡くなったというんです。これはもうすぐ帰らないかんということになって」。ここから、驚くことになる。

「その時、たまたま僕と雷ちゃんと二人きりになったんです。そしたら、雷ちゃんがぽつんと言いました。『僕は母と名の付く人亡くすのはこれで三度目や……』その時、僕は何も言えんかった。『そうか……そうか……』と言うしかしようがなかった。何かあの人の人生の暗さみたいなものが迫ってきて、でも、あの人はそういうものを運命的に持ちながら、明るい性格やったんですよ」

雷蔵が亡くなったと思っていた生みの実母、最初の養父九団次の妻はな夫人、そして寿海のらく夫人。らくさんは三十六年一月三日に他界した。雷蔵は家庭を持つことを養母に見せられなかったのは無念だったと、思うのである。雷

秋の段

十年ぶりの歌舞伎の舞台

歌舞伎役者市川雷蔵が戻ってきた。

「待ってました、升田屋！」

その舞台は昭和三十九年（一九六四）の正月、東京・日比谷の日生劇場。東京オリンピックが開催された年、雷蔵十年ぶりの歌舞伎復帰だった。雷蔵ファンには高揚感、あるいは冷ややかな感情も持たれたか。いずれにしても、雷蔵の季節は「秋」の始まり、と思われるのである。

「武智鉄二プロデュース＝演出」という角書きが付いたこの公演は「寿大歌舞伎」。一月二日初日、二十六日千秋楽。昼の部第一が『心中天網島』、第二は『勧進帳』、夜の部の第一が『双面道成寺』、第二は『一ノ谷物語・琴魂《ことだま》』という演目が昼夜四本立てで上演された。

人気の若手俳優を前面に押し出し、上方の和物、歌舞伎十八番、時代物、新作といった出し物を武智がすべて演出するのが話題を呼んだが、当時、超近代的なデザインの建物として建設され、日比谷の一等地に現れた日生劇場で、劇団四季の創設者・浅利慶太らが役員として加わり、開場翌年の正月に初めて上演される歌舞伎興行として大きな評判を集めていたのだった。

大林組が建てた新劇場は地下五階、地上八階。三か国語を選択できるイヤホーン、照明やセリ、音響などをボタン一つで遠隔操作できる画期的な装置を採用。「数々の新しい夢を実現した《日生劇場》」が触れ込みだった。雷蔵にはこれ以上ない晴れの舞台に誘われたことになる。

出演俳優を紹介すると――。

近松門左衛門作『心中天網島』は紙屋治兵衛が中村扇雀（坂田藤十郎）、紀伊国屋小春が市川猿之助（現・猿翁）、粉屋孫右衛門は十三代目片岡仁左衛門、河内屋花車お藤が沢村由次郎（現・田之助）という顔触れ。

『勧進帳』は武蔵坊弁慶が坂東鶴之助（五代目中村富十郎）、源判官義経が市川猿之助、雷蔵は富樫左衛門に配役された。待望の大役、初役である。「つくし会」でかつての仲間、中村太郎も四天王の片岡八郎で出た。

三つ目の『双面道成寺』。これは鶴屋南北作『金幣猿島都《きんのさいさるしまだいり》』の大詰を用いて、常磐津、清元、長唄の三方掛け合い舞踊が眼目。鶴之助が北白川の安珍実は源頼光、猿之助が娘お清実は清姫。また、片岡秀太郎が腰元桜木実は将門侍女桜木、尾上多賀之丞が後室如月尼で出演していた。

夜の切『一ノ谷物語・琴魂』は石原慎太郎が歌舞伎仕立てで初めて書き下ろした、四幕の新作。主役の雷蔵は、無官の太夫四郎敦盛。萩明が扇雀、老人と小之介が猿之助、法主蓮明が仁左衛門、桔梗が沢村由次郎（現・田之助）、さらに公達の一人として片岡孝夫（現・十五代目仁左衛門）、紅上臈は武智鉄二夫人の川口秀子、また、能楽界から観世栄夫は能登守教経、茂山七五三が鴉の役で参加していた。

歌舞伎舞台が十年ぶりという雷蔵は、昭和二十九年六月・大阪歌舞伎座以来の出演なのだ。あの、白痴の男を演じた『高野聖』が上演された公演である。

雷蔵が舞台に帰ってくる理由・背景を武智は自著『三島由紀夫・死とその歌舞伎観』で暴露していた。詳しく引用したい。

新装の日生劇場から歌舞伎公演のプロデュースを依頼された時、私は雷蔵の富樫で、『勧進帳』を出したいと願った。

私は永田雅一社長を説いた。

『勧進帳』雷蔵（富樫）　昭和39年1月、日生劇場にて（右ページも。
撮影：松本徳彦、写真提供：早稲田大学坪内逍遙記念演劇博物館）

「映画は雷蔵君がいなくても、亡びません。しかし、歌舞伎には雷蔵君がどうしても必要なのです」。永田さんは、私の話を、少しオーバーだと感じたかも知れない。しかし、私は真剣だった。それに、富樫という役が、永田さんの気に入ったらしい。

「よし、スケジュールを都合してあげよう」。こうして、日生歌舞伎の富樫は生まれた。すばらしいできばえだった。

いきで、厚手でなく、音吐朗々として、場内を圧した。

〝武智歌舞伎〟の基本を少しも失っていず、その上、年輪からくる貫禄が加わっていた。

確かに武智は過剰に自画自賛しながら、久しぶりの歌舞伎演出と雷蔵を起用した熱い思いを込めていたのが分かる。

雷蔵は武智から声がかかってから「たくさんはとてもやれない」と、『勧進帳』の富樫と『一ノ谷物語』の敦盛に限って出演を承諾したという。『勧進帳』は寿海に参考意見を聞いて指導も受けた。『一ノ谷物語』は石原が戯曲を書く前に話し合った。戯曲は前年の十一月には完成したので、台詞を十分に覚えられたことが嬉しい、と『演劇界』(三十九年二月号)で語っていた。

『勧進帳』には自身は三回目と語っているが、二十五年八月・京都南座で伊勢三郎、十二

『一ノ谷物語』雷蔵（平敦盛）**と扇雀**（萩明） 昭和39年1月、日生劇場にて（撮影：松本徳彦、写真提供：早稲田大学坪内逍遙記念演劇博物館）

月・大阪・文楽座の第三回「武智歌舞伎」で判官義経、二十六年一月・大阪中座と三月・名古屋御園座で駿河次郎を演じていて、四度目ということになる。

武智が前年十二月十二日に京都に入り、雷蔵は仁左衛門らと京都・東山区縄手新橋南の旅館で本読みを始めた。廣田一さんから直接お聞きした話では、その前に寿海の自宅で一、二回稽古をしたそうだ。雷蔵は「あ、分かりました、分かりました」と言って帰るのだが、それが雷蔵らしいとか。

開幕二日前の同三十一日には歌手・橋幸夫が激励のため日生劇場を訪れていた。「すこしは不安もあるけれど、いまとなっては、幕のあくのが待ちどおしい気持ちだな」という雷蔵を兄のように慕っている橋は「ここで一度リサイタルをやりたいな」と連発した、と正月の『報知新聞』が報じていた。

この年の正月公演と言えば、歌舞伎座では日本芸術院会員になったばかりの六代目中村歌右衛門が淀君の『沓手鳥孤城落月』などを上演し、浅草演芸ホールは大宮敏充の「デン助一座」で、国際劇場は橋幸夫、三沢あけみ、三田明や倍賞千恵子らによるショー、新宿コマ劇場に初めて進出した宝塚歌劇団の公演。その競争の中、幕を開けたのである。

武智が礼賛したように雷蔵念願の初役・富樫は概ね好評を博した、と言えるだろう。ここまでが、故郷歌舞伎への里帰り第一幕である。

意気込みと評価

雷蔵は十年ぶりの歌舞伎復帰を無事、乗り切ったのか。演じた二つの役柄の評価を調べる前に、公演プログラムで語った各俳優それぞれの意気込みも並べてみよう。

まず最初に扇雀。

「私達若い俳優は、常に何かやりたい、やらねばならぬと、芸の欲望に燃え夢を持ち続けて居ります。其の意欲を充分に満たして下さるのが新しい日生劇場であり、又制作が私達と同じ世代の石原氏、浅利氏等である事が魅力を一層倍加させてくれるのです」。加えて武智の演出が興味の一つと話していた。

次は鶴之助。

「『勧進帳』は十年前関西での若手歌舞伎の折、武智先生、蓑助御小父さん（三津五郎）の御教えを受け菊五郎劇団へ入りましては団十郎、松緑御両兄の舞台に接し、学びして戴いた事も大きな御手本で御座居ます」

猿之助はこう述べた。

「一昨年は大学卒業、昨年は猿之助襲名。（中略）今年は年頭から（中略）〝こいつあ、春から縁起がいいわえ〟と張り切っている次第です」

「四狂言に全部出づっぱりで（中略）二十五日間これが無事つとめられたらオリンピック大会に出場出来るのではないかと思うくらい体力がいると覚悟しています」と、独特で面白いコメントを残していた。

雷蔵は全文を載せる。


最初は、ただ何となく出発した私の俳優生活でした。

戦争末期から戦後へかけての、渾沌とした世相の中で、それ以上に学業を続ける意欲を失った私が、たまたまその時の職業が歌舞伎俳優だったという理由だけで——さて入ってみると、だんだん意欲も湧いてきましたが、歌舞伎の世界では他の人より十年も出発が遅れている上に、名門の子弟でないという二重のハンディのため、私の夢は容易にかなえられそうもない状態でした。そんな不満をいやす目的で、私たち若い者ばかりの勉強会を作ったのです。これがやがていわゆる武智歌舞伎へと発展したわけで、当時の若い私たちに大きな励みともなり、希望の灯をもたらしてくれました。

しかし、私はいつしかそれでもなお抑えきれない情熱に駆られて、ついに映画の世界へ入ることになりました。
そして十年、私は一心不乱に俳優の道を進んできたつもりです。今度日生劇場の舞台へ立つ機会に恵まれましたが、これで私の長い間の夢がようやく花咲いた思いです。果してどれだけの実りが舞台で収穫できるか、大きな楽しみです。

どうであろう。余裕さえ思わせる同僚俳優と比べれば、雷蔵は思い詰めた胸中ではないか。これまでの半生に於ける苦境や悔しさまであえて述べている。泣き言かとさえ思われるのは承知の上なのだ。その反面、私は雷蔵の、歌舞伎役者として肚を持ち続け、負けてなるものかという凄まじい覚悟を受け止めるのである。一切無駄のない文章に添えてある富樫の扮装スチール写真を見ると、一点を見据える眼光、キリっと締まった口元に、命懸けで相手と対峙する富樫と雷蔵が重なる。
三島由紀夫が「雷蔵丈のこと」という一文を寄せていた。まさに、大応援文である。

ここに醇乎たる歌舞伎俳優に戻つて舞台に立つ雷蔵君を、特に雷蔵丈と呼んで、敬意を表したい。（中略）
「勧進帳」の富樫はさらに大へんだらう。中年以上の観客の目には、まだありありと十五世羽左衛門の容姿が残つてゐるからである。容姿に於ては間然するところのない君の富樫が、演技において、セリフ廻しにおいて、真の力倆を示しえたならば、君は俳優として明らかに、新らしい段階を劃するであらう。（中略）

雷蔵丈が、この若さを単なる武器とせずに、それを一つの地獄の運命と考へ、そこに身を賭ける覚悟を固めるときに、ほんたうに偉大な俳優への道がひらけるのだと思ふ。

大きな期待、燃える意欲の中、雷蔵の復帰舞台はついに幕を開けた。

一月三日の『報知新聞』はこう伝えていた。

「劇場が開場して初めて正月をむかえた日生劇場。……東京の舞台は十年ぶりという大映スター市川雷蔵をはじめ、坂東鶴之助、中村扇雀、市川猿之助ら若手が顔を揃えた寿大歌舞伎」

「前年十二月『ものみな歌でおわる』の不入りに泣いた劇場。昼夜とも大入り満員の盛況にとまどったようだ。花道のない劇場で客席下手の通路を利用して花道を仮設、楽屋からロビーをぬけて花道にはいるインスタントぶり」

観客の入りについては、だが夜の部が一般受けしないようで、かなり入りが落ちる——といった報道もあった。

雷蔵はどのように受け止められたのか。専門家の評価は？

「竹之丞（実際は鶴之助）の弁慶に負けまいと悲壮なまでの『勧進帳』を見せた時の父寿海そっくりであった。……さわやかなセリフで十年間の空白を感じさせなかったのは素質のよさだ。……大映入り前、つくし会で『六段目』の勘平、『石切梶原』で二枚目役の可能性を示した彼だ。寿海健在のうちに舞台へ、本格的にカムバックしてほしい役者だ」、とこれは『演劇界』同年二月号での劇評家・東川松治氏。

郡司正勝氏は同じ号でこう書いた。

『勧進帳』では……。

「まず、懸命な俳優諸君の意気ごみを買いたい。たゞ気負すぎて、富樫の雷蔵が登場するとともに喧嘩腰なのと、詰め合いになってから、弁慶の杖にせかれて押し合いするのが、四天王の力量が弱いため、腰が崩れる。ちょっとでも突けば、将棋倒しになるだろうと思われるのはいけない。

富樫のセリフも、質がよく、よく勉強していて気持がいいが、番卒に本職の狂言方を使ったため、番卒がセリフをいうと富樫が食われてしまうのはまずい」とした上で、「最初の入りで、雷蔵がちょっと仰向いて泣く型が、はっきりしないのは、あまり力を入れすぎたためである」と、手厳しい。

もう一つの『一ノ谷物語』になると……。

「まず、作品が貧弱だ。詩劇としての構成力と厚みがなく、たゞ場面をならべてゆくだけのことで、テーマといえば、耳無し芳一を女でいって、それに『オルフェ』をはめこんだ作意がみえすぎて、幼稚な感じを出ない。一方では経文のため姿がみえなくなるのに、経文を唱っている女が殺されるなどという無神経さがある。新しがりばかりでは前衛のはき違いであろう」と、辛口の郡司氏はニベもない。

演劇評論家・渡辺保氏に質問した時、良い声と台詞廻しを記憶していると話していただいたのだが、さらに詳しい回想が、開場三十周年記念に出た『日生劇場の三十年』に載っている。「武智鉄二の『勧進帳』」だ。

日比谷の日生劇場には、さまざまな思い出がある。そのなかで古典といえば、第一に思いうかぶのは武智鉄二の演出した『勧進帳』である。いまでも富十郎（当時の鶴之助）の弁慶の、七代目団十郎が初演の時に能の『安宅』からうつしたという棒縞の水衣の颯爽とした姿が目にうかぶ。故人雷蔵の富樫のちょっとふくみ声の、柔らかなせりふ廻しも耳にのこっている。義経は若き日の猿之助であった。

賛否両論。雷蔵自身は、さて……。以上が中幕である。

〃いよいよ立派な役者になった〃

若い俳優と制作者ら同世代の若い才能が集ったのも日生劇場の「寿大歌舞伎」だった。雷蔵は鶴之助、扇雀、猿之助ら若手俳優に加えて、年少の頃の現・片岡仁左衛門（当時・孝夫）とも『一ノ谷物語』で共演していた。

平成三十年十月の歌舞伎座に出演中の仁左衛門にインタビューしたのだが、雷蔵を「嘉男ちゃん」と言って懐かしみ、共演者のみが知る秘話の口を開き、「一緒に芝居しているよ」。はるかに昔、二人は同じ舞台を踏んでいたことから語ってくれた。

それは昭和二十七年（一九五二）一月の大阪歌舞伎座「東西合同大歌舞伎」、第一部の二番目狂言『菅原伝授手習鑑・寺子屋』。仁左衛門七歳、雷蔵二十歳。役は仁左衛門が松王丸の一子・小太郎、雷蔵は寺子の一人で悪戯好きの悪ガキ・涎くり、茶屋廻り亀松の二役だった。仁左衛門はこの以前の二十五年十月・京都・南座で小太郎を演じていた。

「幼い頃は私も同じ、ボ〜ッとしていた。（彼は）女方もやっていたし、ナマコと言われて。ともに、お父さんに付いていくだけ」。扇雀、鶴之助、嵐鯉昇ら「武智歌舞伎」や「つくし会」の仲間と「よく遊んではった。ああなりたい」と、思ったそうである。

『一ノ谷物語』で三十三歳の雷蔵が敦盛、十九歳の仁左衛門が公達の一人と既に書いたが「不思議な芝居」だったというのが記憶に残る印象。「武智先生だから、振り付け、道具にしろ、女性が大股開きのようなエロティックな美術も際どいもの。その前で剣を振り回すんですからね。音楽、照明にしても画期的ではあった」という。

『勧進帳』で雷蔵は初役の富樫。「良かったですよ。十年も舞台を離れていてね。台詞が良くないという声もあったらしいけど、いろんな富樫がありますよ」。さらに次のような裏話を披瀝した。鶴之助の弁慶の衣装で揉めていたというのである。

十一代目團十郎の市川家からクレームが入り、「歌舞伎十八番と付けないでほしい。何とかしてくれ」との要求。演出の武智は「昔はこうだったよ」と話していたそうだ。鶴之助が縞の水衣を着けていたのは前に渡辺保氏の寄稿文で触れたが、渡辺氏もその要求について書いていた。

一方、仁左衛門が特に驚いたのは日生劇場の上演風景だった。「客席の作りも舞台も歌舞伎の劇場でなくて、へえ～と思った。体験したことのない劇場だから、楽しかったねえ」。グランドサークルといった客席は初めて、また普通は「ブー」と鳴る開演五分前の通知が鐘の音で「チ～ン」と鳴ったのが新鮮だった、という。

さらに、もう一人。菊五郎劇団から鶴之助と参加した沢村田之助（当時・由次郎）だ。父の初代沢村曙山（五代目田之助）が雷蔵の最初の養父市川九団次をよく知っていたものの田之助自身は雷蔵を、映画俳優とだけは当然ながら承知している程度。

「その映画スターがどういう方か。楽しみにしていました。東京の風ではないと、まず感じました。まるっきり、上方の方でしたねえ。私たち小童は相手になさらない。たっぱ（身長の高さ）はあるし、舞台度胸も備わっていた。やはり、映画スターなんだなあ、と」

『心中天網島』の河内屋花車お藤、雷蔵と顔を合わせた『一ノ谷物語』で桔梗が田之助の役。三十一歳だった。

千秋楽が近くなった頃、その『一ノ谷物語』の舞台で「ボクがふざけた事がある」そうだ。雷蔵は真面目ひと筋らしい反応。「嫌～な顔、なさっていたな。悪ふざけがとても気に入らなかったようでね」。世話物の巧い役者が揃っている菊五郎劇団では、時にたとえばアドリブを加えたり、遊びの芝居をしたり、観客サービスがお得意なのだ。扇雀が自分を親しく可愛がってくれており、（雷蔵に）おふざけしても大丈夫という甘えもあったようだが「どっこい、そうではなかった」と、苦笑した。田之助はこの年の四月、六代目を襲名した。

扇雀（坂田藤十郎）が語った記録が残っている。『わたしの雷蔵』の中の「嘉男ちゃんの思い出」である。実にリアルに、細かく再現していた。

舞台の上で別れて一〇年目、（中略）いわば武智歌舞伎の同窓会、それぞれに一〇年間に磨いて来た芸の見せどころでもありました。

以下から雷蔵の揺れ動いた心理が分かるようになる。

ところが、『勧進帳』は、いわゆる型ものですから、富樫の役は彼一流の名調子と、姿の良さで問題はなかったのですが、もう一つの演《だ》しもの、石原慎太郎先生書下ろしの『一の谷物語』では、一〇年の舞台ブランクに加え、彼の持ち前の慎重さで、当初のうちはその不安がすべてに現れていました。しかし、この芝居の方は、彼の四郎敦盛に対して、私がその恋人としてピッタリ相手役を演るわけですから、

「嘉男ちゃん、気楽にやろうよ。これがなまじ、世話物なんかだったら、約束事と自分の役の解釈との兼ね合いがむずかしいけれど、この『一の谷』は、いわば新歌舞伎で、武智先生はじめ、みんな気心の知れた者ばかりだし、その上、相手役が僕なんだから、普通通りのイキでどうにでも合わせて行けるから」と、努めて気持ちを和らげようとし

ました。果たして、初日が開くと、なかなかどうして大したもので、好い芝居になりました。
「やっぱり嘉男ちゃんだ。いよいよ立派な役者になった」
一〇年ぶりのコンビは、彼にとっても私にとっても、大変たのしい仕事だったし、将来への希望も湧く思いでした。

扇雀だけではなく、この舞台復帰を契機に雷蔵には今後も歌舞伎に取り組んでほしい、という期待が湧いてきたのだが……。

「今、戻るのは損だ」

果たして、雷蔵自身の心境は？　十年ぶりに踏んだ歌舞伎舞台、周囲の声、さらなる挑戦への期待。のらりくらりではないものの、思案を重ねた晴れの復帰ではあった。
「寿初春大歌舞伎」が幕を開けて、演劇評論家・水落潔さんは日生劇場の雷蔵の楽屋を訪れた。当時は毎日新聞記者としてインタビュー取材をしたのである。初日か二日目だったという記憶。

「歌舞伎に戻らないの?」と、質問した。すると、「今、戻るのは損だ」と答えたそうである。この頃、関西歌舞伎の衰退が進んでおり、養父寿海にしても影響力などが衰えていたことを雷蔵は熟知していたことになる。

水落さんは言う。「自分が戻った場合の役割とか役が定まらないことが分かっていたのだと、思う」。

雷蔵はまた、このように話した。「もっと年をとってからならば……」。五十歳の頃ではないか。水落さんはそう推定した。

雷蔵は公演が終わった後も、マスコミ等の取材に応じていた。

『演劇界』昭和三十九年二月号は、三田正道氏。

「十年という気持を感じないんですよ。そういう意味では、久し振りに舞台に立つという緊張感はありませんでした。相手の芝居もよく分かるし、助かりましたね。いい出方をさせてもろたと思ってます」

関西歌舞伎で芝居をしたり、親しく遊んだ鶴之助、扇雀という仲間が一緒だから、緊張しなかったと語っていた。

一方では、「やりづらいのは、やはり『勧進帳』の方ですね。なんといっても、歌舞伎の最も有名な古典の有名な役でしょう。音楽的にも劇としても、一般に知れすぎている。比較されますからねえ。ただ、僕が一人出ているために〝らしからぬ〟印象をお客に与えてはいけない。たゞ、それのみを考えましてねえ」と話している。

「だから、『現在の状態は、正直いって、とても苦しい。やはり、舞台の生の感動はいいでしょう、と人からいわれても、いまは、とっても、そんな気持どころではない。これからまたときどき舞台になど考えてもいない』という」

また、映画界の現状と比較していたのが興味深い。安直な気持ちに支配されている、というのだ。「溝口さんのときだけは、別でしたが、仕事の真剣味という点で、映画のほうが安易ですねえ。ぬくぬくとやっていた。映画での仕事振りの反省になりました。なぜといって、この広い空間を一人で出てもたせなければいけないんですから。演技力をつける意味では、舞台出演は必要なことですねえ」として、この時点で『一ノ谷物語』を大映で映画化する計画があることや、さらには、地味でも舞台でやりたい歌舞伎の古典作品がいくつかある、とも明かしていた。

『報知新聞』は千秋楽の二十六日のインタビューを翌二十七日に掲載していた。最後の舞台を終えた楽屋。メーキャップを落として鏡の前でお茶の味を楽しむ浴衣姿の雷蔵。肩の荷を下ろし、安堵したような笑顔の写真も載っている。

「わかりきったことですが、客とじかに接する緊張感から最後まで抜けきれませんでした。十年ぶりのせいもあるでしょうが、やはり映画と舞台では、ずいぶんふんい気がちがうと改めて思いましたよ。ぼく自身はラクの舞台まで余裕をもつことができませんでしたが、まわりの人たちが『なか日あたりからぐっと調子が出てきた』といってくださったので、ホッとしているところです」

『演劇界』では『勧進帳』の富樫がやりづらかった、また、緊張感は感じなかったと語っていたが、『一ノ谷物語』で悩んでいたという扇雀の秘話といい、緊張感といい、正反対の感想を述べている。

「待望の富樫も思い切りやったし、さあ、これでおしまい」と、回転椅子をクルリと回して浴衣の膝をポンと払った雷蔵。詰めの発言には、ビックリするだろう。この出演には別の、本当の目的を抱いていたと言うのだ。

「久しぶりにカブキがやれるなどということではなく、三島由紀夫、石原慎太郎、浅利慶太氏ら将来、日本文化の柱になる人たちと接することでした。そして私自身の演技をさらに飛躍させる知識を得るとともに、映画の時代劇のハバをひろげ、新しい方向にもっていこうと思ったからです。そのねらいは十分にはたせました」

千秋楽を終えて、インタビューに答える雷蔵　昭和39年1月26日、日生劇場楽屋にて（写真提供：報知新聞社）

何という先見性か。一石二鳥、ただでは転ばない、得るためには非難も恐れない。

振り返れば、前年十二月一日の同紙でも語っていた。

「なつかしいですね。十年間映画で積みかさねてきたものをどう生かすか。また現状打破のきっかけになれば……と期待しています」と。

雷蔵は、記念すべきヒットシリーズ第一作『眠狂四郎殺法帖』が前年十一月二日に公開されており、その第二作『眠狂四郎勝負』が公開（一月九日）される前の期間の舞台出演であった。『一ノ谷物語』の映画化は結局、実現しなかった。

こう見てくると雷蔵は日生劇場で演じた二つの演目の演技に決して満足できず、悔いを残していた。だが同時に、次なる計画も想定しながら、つまり映画界での演技の参考となる収穫、加えて「演劇」への進出も摑んで、次回作『剣』を撮るスクリーンへ帰って行った。雷蔵の季節「秋」は終わろうとしていた。

コラム4　雷蔵の好きな食べ物

問「お煎餅よりほかに好きなものをお知らせください」

雷蔵「うどん」

もう一つ。

問「好物はなんですか」

雷蔵「めん類です。特にうどん。酒飲みではないのですが辛党です」

以上は『雷蔵、雷蔵を語る』の一問一答。まだ独身、二十八歳の時。単刀直入、ニべもない答えである。関西育ち。うどんが好きなのは当たり前だ。

雷蔵が相撲好きとは想像できるだろうか。子供の頃からのファン。双葉山が贔屓だった。大相撲のみならず、すでに紹介したように、同志社大学相撲部に出入りし、学生らと一緒に食事をしていた。褌一つ、裸のままで学生と土俵の上で稽古をする写真が残っている。

大相撲では個人的に親しくなった横綱大鵬の一本槍。大鵬が所属した二所ノ関部屋を訪問し、チャンコ鍋をつついたりしていた。雅子夫人が言う鍋好きはこの相撲部屋との交流が遠因なのだろう。

「力士部屋をのぞいての感想はまず男たちばかりの世界でこのうえもなく面白いものを感じます」と、これは『雷蔵、雷蔵を語る』に収録されたエッセイ「相撲、野球、モーターボート」(昭和三十六年五月)の一節。立派な体格をした相撲取り同士が激しくぶつかり合い、汗臭い稽古場を目の当たりにした体験に興味があったようだ。

「またチャンコ鍋の味は絶品です。ですから私も料理法を覚え、以来自宅でも、家人に注文を出してやるようになりましたし、また辺鄙《へんぴ》な地方へ旅に出かけた時などもなまじっかな形式ばかりの料理を出されるよりはと、こちらの方から注文を出してチャンコ鍋にしてもらうこともよくあります」

「鶏一羽と野菜さえあればどこででも数人の人たちが舌つづみを打つことができて、しかも栄養価値満点というこのチャンコ鍋の味は、一度覚えたらもう忘れられないとのことです」。当方も鍋好き。雷蔵流チャンコを食べたかったなあ。

次は細川俊之。公私ともに可愛いがった後輩である。

「ちょうど6月で鮎料理のお店へ行ったんですが生簀《いけす》を眺めて『あの跳ねてるのがも

うすぐ僕の口に入るんやな』なんて（笑）。時代劇がマンネリになってるとか仕事の話をした様な。帰りに鮎を食べたばっかりなのに車から見えた焼肉屋の看板見て、『うまそうやなあ、今度来ような』なんて、童心というか雷蔵さんてとっても無邪気な所あったんですよ。京都のマンションも本当に普通の所で虚飾なんて望んでなかった人だし、そういう所、僕は好きでしたね」

時は、細川が大映映画『座頭市』に出演中、突然、雷蔵がセットに現れたという。細川と雅子夫人は学生演劇の仲間だった。「女房が昔お世話になったそうで。今日飲みに行きませんか」と、誘ってくれた際のエピソードだ。（『季刊フリックス　市川雷蔵』）

雷

冬の段

養父寿海との舞台共演

日生劇場「寿大歌舞伎」で念願だった富樫を演じ、夢を叶えた雷蔵は翌昭和四十年（一九六五）十一月、大阪・新歌舞伎座の公演「秋のスターまつり」に出演した。二年連続の舞台である。

上演演目の昼には『番町皿屋敷』と『若親分』、夜が『将軍江戸を去る』と『花吹雪お静礼三』という四本立て。雷蔵は『番町皿屋敷』で旗本青山播磨、『若親分』が海軍少尉あがりの若親分・南条武、『将軍江戸を去る』は幕軍精鋭隊長・山岡鉄太郎を演じ、『花吹雪お静礼三』は礼三郎と、大奮闘だった。

とりわけ、『将軍江戸を去る』は、真山青果作『江戸城総攻』三部作の第三部で、将軍徳川慶喜に勤皇の大儀を説く大役。慶喜に扮したのが五年ぶりの共演となった養父寿海であり、寿海の慶喜は台詞の名調子が語り草として知られていた。

一方、岡本綺堂作の新歌舞伎『番町皿屋敷』では、相手役お菊が舞台で初顔合わせの朝丘雪路。『花吹雪お静礼三』でも朝丘が相手役。『若親分』も相手となった高田美和は舞台が初出演だった。

言ってしまえば時代劇の公演。が、歌舞伎で知られる演目も加えて、養父寿海と台詞の火花を散らす初役の芝居を出したのは心意気を示したのだろう。

雷蔵は公演を前に抱負を語っていた。

「『大阪でやるならぜひおやじ（寿海）といっしょに』という彼の強い希望で実現したもの。関西カブキ育ちとしては映画俳優の余技的出演でなく、あくまで本格的な舞台をという気持ちの現れだ」

また、「ぼくは演技者としてテレビは第二義的なものと思う。しかし舞台はちがいます。映画俳優としてもすごく勉強になるからです。よく映画スターが舞台出演するときに、自分のヒットした映画をだして興行価値をねらったりするが、ぼくはあくまで舞台ならではという作品だけを選んでやる主義です。だからこんどの公演も映画俳優としてその真価をおみせしたい」（『報知新聞』昭和四十年九月十三日）とも。

一日に開幕したが、翌二日の『報知新聞』は『将軍江戸を去る』の山岡を弁舌爽やかに演じたと報じ、雷蔵は「父とは久しぶりだし朝丘さんらは初顔合わせなので、幕あきまでは、やはり気がかりでした。あとは、父からいろいろアドバイスをうけながらしっかりつ

『将軍江戸を去る』市川雷蔵（山岡鉄太郎）、**市川寿海**（徳川慶喜）　昭和40年11月、大阪新歌舞伎座にて（『演劇界』より）

とめていきます。これからも機会をみて年一、二回の舞台をやっていきたいと思う」。初日を無事に終えた安堵感に溢れていた。

余談になるが、以前にも触れた廣田一さん夫妻が一歳半の娘さんを連れて、この公演の雷蔵を楽屋訪問していた。這々している赤ちゃんを見た雷蔵は「こっちへおいで」とか「おじちゃん（廣田）とは仲がいいんだよ」などと言いながら抱っこをして喜んでいた、という。

ここで、時間を巻き戻そう。雷蔵は映画俳優に転じて間もない頃から舞台出演をしていたのである。

昭和三十二年（一九五七）の一月二十七日には大阪歌舞伎座での「関西歌舞伎俳優協会・第三回公演」に出ていた。その映像が残っていた。衛生放送「歌舞伎チャンネル」で放送されたカラーの8ミリフィルムを見ると、何とも貴重な資料が残ったものだ、と思う。解説は中川芳三（奈河彰輔）・松竹顧問である。

当時、煌星の如くというが、関西には名優や人気俳優が揃っていた。〝双寿時代〟とされた市川寿海、寿美蔵、十三代目片岡仁左衛門、二代目林又一郎、八代目坂東三津五郎（当時・簑助）、二代目中村霞仙……。林又一郎は初代中村鴈治郎の長男で弟が二代目鴈治郎。俳優林与一の祖父だ。霞仙は男女の老け役を枯れた芸で見せた貴重な脇役だった。

中川氏は「役者が（多く）いて、それは楽しかった」と懐かしがり、また「関西では天地会とか〝そそり〟はあまりやっていなかったので珍しい公演だった」と解説している。〝そそり〟とは、役を替えたり珍しいことをやるファンサービスだ。

雷蔵は映画界から戻った初めての舞台で、この時期に俳優協会会長を務めていた寿海から声が掛かったようだ。雷蔵は二番目の演し物である清元舞踊『保名・小袖物狂いの場』に出た。これはひと幕を任せられた目玉の一つだったという。衣装付きで安倍保名を踊る雷蔵。無声の記録映像のため保存状態が悪く、画像は粗く揺れて見える。が、映画スターとなった彼の舞台姿が美しいのは分かる。

「雷蔵はきっちり踊っていた。なにせ、綺麗だし、ソッポがいい」とは、解説の中川氏。〝ソッポ〟とは、立ち姿がスラッとして風姿がいいことだ。私には、美しい二枚目のオーラさえ伝わってくる映像に思えた。

次は「助六」を演じた、という余話。

「市川雷蔵後援会・秋の集い」が昭和三十三年十一月二日、東京・千代田公会堂で開かれた。前年九月二十五日に発会した後援会の第一回秋の集いだった。「助六」がその場で披露されたのである。市川雷蔵写真集『孤愁』に詳細な絵解きがある。

「歌舞伎座で勘三郎丈が助六を上演しておられる。ぜひメーキャップをみたいから、案内せい」旧知のテレビプロデューサーに、突然、こう命じた。根っからの芸の虫。芸のためなら骨身を惜しまなかった。それから数週間後――。「待ってましたッ！　日本一！」〝雷蔵助六〟が、超満員のファンたちのやんやの熱い喝采に包まれたことはいうまでもない――。

　この一文にあるように、確かに十七代目中村勘三郎は歌舞伎座十一月公演の『助六曲輪菊』で三度目の助六を演じていた。しかし、この舞台を見たという数週間後の二日が「秋の集い」とすれば当然、無理がある。

　それはともかく、蛇の目傘を左手に掲げた〝雷蔵助六〟は黒地に牡丹の紋、浅黄の裾、赤の襟という寿海の衣装で花道で踊る。鉢巻き、むくみの化粧の二枚目ぶり。

　この前後の頃、雷蔵は後援会でも『保名』を披露したり公会堂で『お祭り』と、舞踊を忘れていなかった。三十四年十一月十七日には東京・新橋演舞場で開かれた「白蝶会」に出演。これは舞踊家・川口秀子主宰の舞踊会で、雷蔵は秀子と『蝶の道行』を踊った。川口秀子は子供の頃から天才の誉れが高く、地唄舞の名手となったが、武智鉄二夫人としても知られた。武智は雷蔵にとって「武智歌舞伎」などでの恩人だ。この後、「寿大歌舞

助六の舞台で六法をふむ雷蔵　昭和33年11月2日、九段下・千代田会館にて（写真提供：報知新聞社）

伎」で武智が演出、秀子は『一ノ谷物語』の振付、紅上臈の役で共演することになる。

やがて、雷蔵は六年ぶりの舞台出演を果たした。この公演こそ、歌舞伎舞台への復帰に結び付くのである。

三十五年（一九六〇）八月、大阪・新歌舞伎座。この特別公演には寿海、淡島千景が参加しており、雷蔵は歌舞伎界を去って以来、新歌舞伎座は初出演だった。『ぼんち』で喜久治、舞踊『祭ばやし』、そして『浮名の渡り鳥』。川口松太郎が寿海と雷蔵親子のために書き下ろした『浮名の渡り鳥』で雷蔵は白井権八、寿海が長兵衛を演じた。

「有意義だった」と、雷蔵は振り返っていた。「まず何より嬉しかったのは、父と一緒に舞台へ出て一か月の間毎日父と顔を合わせられたことです。皆さんから見ればそんな当り前のようなことが、私たち親子のように住まいもはなれており、仕事の場所もそれぞれ舞台と映画という風に違っている場合、これはほんとうに最近珍しいことであり、かつ楽しい経験でした」。

久しぶりの舞台だから一抹の不安があった雷蔵は初舞台にも等しい気持ちだったと語っている。夏枯れ時の八月興行、二十八日の長期、映画と違ってナマの観客を前にした緊張感と手に取るように分かる演技のコツ、昼夜二回興行による肉体の酷使……。失敗もあったと正直に告白している。

さらに――。

「今度舞台に出るに当たって私は、これきりで舞台に出ないと心に決め、そういった意味のことを人にも伝えました。それはいったん志を立てて映画に入った以上、今さらになって映画と舞台の両方に色気を見せるように思われたくなかったからです」

この決意に対して養父寿海は賛成とも反対とも言わなかった。が、叱ったのが東京から見に来ていた花柳章太郎だった。「君のその考えはよろしくない。今後も大いに舞台に出なさい」。雷蔵は迷った。その結果、決心もぐらついた、という。

「元来私は性格がいささかアマノジャク的にできているので、今度劇評があまり芳しくなかったのにかんがみ、それでは褒められるようになるまで何度でも出てやろうか、という気持になりつつあるからです。とにかくいろいろと、物を考えさせられた今度の舞台公演でした」

以上は『雷蔵、雷蔵を語る』での述懐である。

雷蔵はこの後、東京・国際劇場の「橋幸夫ワンマンショー」（三十七年一月）で『寿三番叟』、京都・南座「藤間勘五郎舞踊会」（三十七年二月）で『喜三の庭』を踊っていた。六年ぶりの舞台だった大阪・新歌舞伎座は歌舞伎舞台への助走だったのだろうか。いずれにしても、舞台への熱い思いを忘れてはいなかった証だと考えるのである。

テアトロ鏑矢へ

養父寿海との舞台出演や舞踊会を経験したことが、十年ぶりの歌舞伎舞台復帰である日生劇場「寿大歌舞伎」へのいわば助走になった、と思う。さらに雷蔵は「秋のスターまつり」を経て、昭和四十一年九月・大阪・新歌舞伎座の公演にも出演した。『眠狂四郎勝負』で眠狂四郎、『切られの与三郎』で与三郎などを演じた雷蔵だが、結果的にこの公演が彼にとって最後の舞台出演になった。そして、再び、映画界へ戻った。が、胸中には、驚くような〝計画〟が既に芽生えていたのである。それは、青年時代の冒険「つくし会」結成以来の〝第二の挑戦〟と言えた。

「テアトロ鏑矢《かぶらや》」。自らがプロデューサーとして主宰する新劇団を創立しようというのであった。過去形で書いたのも、結果的に実現できなかったからだ。残念無念の夢、幻の如く――。

「雷蔵が劇団を結成」、「市川雷蔵が劇団〝テアトロ鏑矢〟を設立」――。昭和四十三年一月の新聞各紙に躍った見出しだ。

雷蔵は創立の挨拶状を送っていた。「このたび私は、自分でプロデュースした舞台で演じるという試みを持つことになりました。長年あたためておりました夢の一つで、役者である私への秘かな宣戦の布告であります」(『わたしの雷蔵』会誌「らいぞう」より)。

新聞記事によれば、劇団名を〝テアトロ鏑矢〟と命名し、京都と東京で旗揚げ公演を行い、第一回上演作が人見嘉久彦作『海の火焰樹』に決定し、三月末に脱稿しだい俳優交渉を始める。公演は七月中旬に京都会館第二ホールで三日間、東京・新宿の厚生年金会館小ホールで五日間、雷蔵と大映の間で話し合いがついて、決定しているなどと実に詳しく報じていた。この後、雷蔵はスタッフと共に東京、大阪、京都で記者発表を四月に開いていた。

ちなみに私は、演劇評論家・廓《かまえ》正子さんに電話インタビューをしていた。廓さんは長年、大阪を中心に活躍されて当時、産経新聞の演劇担当記者として「テアトロ鏑矢」の記者発表を取材していたのだ。

大映から連絡が入り、大阪ロイヤルホテルで懇親会の形で開かれた。日付は覚えていないという。「劇団を作るが古典はやらない、とか、これからの演劇は——とか言っていたけどそれ以上の事については誰も聞かないんですね。（癌の病気から）痩せてはいたが、見る影もなかった訳ではありませんでした。会社側も助からないのは分かっていたのではないか」。

廓さんはこの他、「つくし会」（昭和二十八年六月二十七、二十八日）の上演で定九郎を演じた北上弥太郎（嵐鯉昇）がカーテンコールに出た時、「お客から『ぶわ〜』と来た、り〜ちゃん（鯉昇の愛称）の人気を見て、雷蔵は映画に行ったのでは、と思いますわ」と話してくれたのである。

「テアトロ鏑矢」については上演作『海の火焔樹』の作者・人見嘉久彦が記した「市川雷蔵『テアトロ鏑矢』始末」（石川よし子編『市川雷蔵』）がすべてを網羅している。

この芝居のあらすじはこうだ。

先瑠世流《まるせる》劇団というシェイクスピア劇専門の劇団が架空の小国ギモアにあった。劇団の中堅だが、美しく才能豊かな男優・瑠弥《るね》が座長夫人の兌瓊絵瑠《だにえる》に唆されて座長の座を狙うが、愛した兌瓊絵瑠は実の母と分かり、野心が破れて死んでしまう……。シェイクスピアの『マクベス』とギリシャ悲劇『オイディプス王』を混ぜたような創作劇で劇中には『マクベス』が演じられる、三幕四場の現代劇だった。

スタッフ、キャストも決まっていた。

スタッフ＝プロデュース・市川雷蔵。作・人見嘉久彦。演出・永松仁。美術・高田一郎。照明・古川幸夫（文学座）。音楽・久原興民。効果・倉嶋暢。舞台監督・宮腰勉。

キャスト＝瑠弥・市川雷蔵。兌瓊絵瑠・南美江（浪曼劇場）。座長・先瑠世流・永田靖（俳優座）。瑠弥を慕う女優の麻耶・藤村志保（大映）。瑠弥の親友・兄紗亜流《せざある》・長谷川明男（フリー）。茄実柚《かみゆ》・平田守（青年座）。雀《じゃん》・金内喜久夫（文学座）。美縷《びる》・塩崎純男（くるみ座）。雄功《ゆーご》・北村英三（くるみ座）。秘密警察員・木村玄（大映）。〝J〟と呼ばれる評論家・渡辺健一（フリー）。妖女の声・毛利菊枝（くるみ座）。

上演作品『海の火焔樹』や出演者を決めるまでの経過を人見は克明に描写している。躍動する雷蔵が浮かんでくる。

雷蔵が一番最初に劇団の旗揚げを人見に相談したのは、昭和四十二年の九月頃だった。「人見さん、折入って相談したいことがありますのや。ゆっくり会えんやろか」。人見は当時、読売新聞大阪本社文化部で映画担当の記者だったが、その傍ら、書いていた脚本が文学座などの新劇団で上演されていたのを雷蔵は熟知していた。雷蔵から自宅に直接電話がかかってきたのは初めて。驚き、恐縮しながらも数日後、打ち合わせ場所に出向いたという。

京都・南座にほど近いレストラン兼喫茶店ニュートップに一人、待っていた雷蔵が切り出したのが思いも掛けなかった劇団の創立。

「自分はかねてから、新しい演劇に関心を持っていた。ときどき出演する新歌舞伎座などの舞台は、ショーのような商業演劇に過ぎないし、といって新劇は理屈っぽく堅い。その中間といっては何だが、おとなが観て楽しめる、しかも芯のある演劇を自分がプロデューサーになって新しく創り上げてみたい」

雷蔵は既に大映の鈴木晰成《あきなり》撮影所長に承諾を得ていて、希望するスタッフ、キャストも自分の手で集める自信があり、資金も十分蓄えていると語り、何と、「私は、住まいなどは雨露がしのげれば良い」との考えで、手軽なアパート暮らしをしていると言ったのだ。合わせて創作劇を書いてほしいと、依頼した。

そして、続けた。

「この演劇の仕事を、これから年一回は必ず続けていきたい。どんなに映画や、商業演劇の仕事が忙しゅうても、この自分がプロデュースする芝居だけはやっていきたいんや」と意気込む雷蔵は、第二回公演は長与善郎作『項羽と劉邦』、第三回には『世阿弥』で岸田戯曲賞を受けたばかりの山崎正和に依頼する計画まで抱いていたのだった。

東奔西走、獅子奮迅

新劇団の創立を人見嘉久彦に相談したのは昭和四十二年の九月頃だったが、その二か月後、二人は再会した。「市川雷蔵『テアトロ鏑矢』始末」から再現してみる。

俳優・細川俊之と女優・小川真由美の結婚披露パーティが赤坂の乃木神社に近い会館で開かれていた。十一月三十日。人見は媒酌人を務めており、新郎新婦とは映画で共演してから親しく交際していた雷蔵は参会者の一人として、二人のなれそめを暴露する祝辞を述べていた。余談だが、小川は雷蔵の養父寿海のファンだった。その披露宴が進んだ時、人見は雅子夫人と一緒の雷蔵と顔が合った。

「人見さん、京都へ戻ったら早速あれを具体的に決めましょうや。私の腹案は決まったさかい」

以降、何回も雷蔵と話し合いを重ね、人見は戯曲『海の火焔樹』を書き上げ、雑誌『悲劇喜劇』に発表した。

雷蔵は疾走した。

所属する大映・永田雅一社長の了承を得、劇団の名称を決める作業に入った。大映の鈴木撮影所長、土田正義・京撮宣伝部長、宣伝部にいた中村努らと案を出し合った。「テアトロ鏑矢」は雷蔵の発案で生まれた。

戦を始める前、合図と威嚇を兼ねて敵陣にめがけて放つ矢、それが〝鏑矢〟。鋭く「ひょう」という矢音がするそうだ。

「いよいよ、演劇界に新風を送る合戦の意味を込めたつもりや。どや、威勢が良いやろ。これから、既成の演劇と戦って、新しい演劇をつくり出していくんや」。愉快そうに雷蔵は笑った、という。太刀を一閃させて斬り結ぶ机龍之助か眠狂四郎かのように。

私は思う。「テアトロ鏑矢」。この命名を最後に決断した発想こそが素晴らしい、と。「テアトロ」＝「洋」、「鏑矢」＝「和」。洋と和。和洋の融合だ。あるいは、熟語で言えば「温故知新」。古きを温《たず》ね、新しきを知る。歌舞伎から旅を始めた一人の男が、新劇に傾倒して改革に向かう心意気である。

あの当時、このような冒険を考えた映画のトップスターはいなかったし、今も劇団を作ろうとする人を私は知らない。

劇団名を決めると、雷蔵は東奔西走、獅子奮迅に動いた。発表記者会見の準備、ポスター、チラシ、切符の制作、念頭にある出演俳優への連絡や打診。が、人見が懸念していたのは資金だった。打ち合わせには街の喫茶店とかレストランを利用したのだが、時に雷蔵の自宅でも会った。そこで人見は驚き、同時に雷蔵の本気度を再確認したのだ。

先にも書いたが雷蔵は「使える金は十分蓄えてある」と言っていた。自宅を訪ねると、京都・鳴滝にあった邸を引き払い、右京区のマンションに住んでいた。「実際に訪れてみて、その住まいの質素なのに驚いた。マンションといっても公団住宅並みのもので、要するに食べて寝るだけの広さだった」。そんな部屋でガスストーブに顔を照らしながら、劇団の将来を語った。さらに自分を後援するルートがあり、その組織を動員すれば劇場を満員にできる成算も持っていたのである。

私は、もう一つの資料を探った。演出家・永松慧一の寄稿文である。『サンデー毎日別冊・市川雷蔵』に書いた「劇団〈テアトロ鏑矢〉秘話　市川雷蔵と私と演劇」。予定されたスタッフには「演出・永松仁」となっていた。

実は永松の存在を知った私は、文学座の俳優金内喜久夫に相談したところ、彼の友人の永松慧一から「秘話」のコピー資料が送られてきたのだった。ただ残念ながら、旗揚げ公演で雀《じゃん》の役に配役された金内喜久夫は、コロナ禍の最中の令和二年四月二十八日に亡くなってしまった。

さて、雷蔵と永松とが出会う運命の不思議である。

時代は安保闘争で揺れる一九六〇年・春。学習院大学演劇部と日本女子大学演劇研究会が、東京都大学演劇連盟合同発表会で合同公演をした。学習院には細川俊之、そして親友で同級生の永松は二年生で所属、日本女子大には遠田恭子さん（当時。後に雅子と改名、雷蔵夫人）がいた。ジャン・ジロドゥ作『トロイ戦争は起らないだろう』のキャスティング会議で主役が細川、恭子さんに決まった。永松は舞台監督担当となった。が、将来、雷蔵を巡る深い関係になるとは細川も恭子さんも、永松も知る由はなかった。

雷蔵と永松の初対面は一九六七年・初夏。六月か七月らしい。雷蔵と恭子さんは既に結ばれていた。細川が映画の仕事で京都にいるのを知った雷蔵夫人に、細川は永松も京都に来ていることを告げた。細川、永松は西院にある雷蔵のマンションに招待されたのだった。やたらニコニコと嬉しそうな雷蔵。「その上旧知の奥様もキャッキャッと騒がしいので、ほとんど最初からざっくばらんとなり、酒をどんどん注がれて調子に乗り、細川としゃべりまくってしまった」。青春期を共にした三人のはしゃぐ様子に囲まれた雷蔵は、とても御機嫌が良かった、という。

その数日後、雷蔵から連絡を受けて再度、自宅訪問。個人的なアドバイザーになってほしいと切り出された。実は先の酒席で映画、演劇全般を痛烈に批判し、プロデューサーシステムの育成をわめいたのだった。熱心な誘いを受けて以降、舞台への挑戦、さらに、文学座に『友絵の鼓』を書いた人見へ創作劇の依頼などを提案していった。演出の担当も決まり、記者会見に同行もしたが、ついに公演が叶うことはなかった。永松は、こうも書いた。

「個人としての雷蔵さんと個人としての僕との間でアドヴァイザー契約を結んでいた。つまり、雷蔵さんから随時意見や情報を求められるのに応えて、月々決まった報酬を得ていた。当時二十代の僕の生意気なおしゃべりなど大して役に立たなかったと思うが、食えない僕を援助しようという事と、気楽な話し相手が欲しかったのだろうと思っている」(「個人的契約」『季刊フリックス　市川雷蔵』)。謙遜気味でも二人のほのかに温かい関係が伝わるし、劇団を作るための情報と意見が雷蔵を刺激したのは間違いない。

読書家の雷蔵は旗揚げ前、シェイクスピアの『マクベス』のような戯曲を希望していたが、演じたい作品を勝新太郎と話していた。『甦る！　市川雷蔵』に収録された『近代映画』(昭和三十年二月号)の対談だ。

勝　これからどんなものが演りたい？

雷蔵　加藤道夫氏の「なよ竹抄」、吉川英治氏の「平将門」、大仏次郎氏の「若き日の信長」と「築山殿始末」だな。

昭和三十年と言えば、映画デビューしたばかりの二十二歳で、溝口健二、伊藤大輔、衣笠貞之助という監督にお願いしたいと語っているから映画化の企画だろう。が、どれも舞台にピッタリ嵌まる作品なのだ。

加藤道夫は戯曲、翻訳に加えてフランス文学者。三島由紀夫が「理想を追い求めた演劇人だった」と礼賛し、劇団四季を創立した浅利慶太の恩師である。雷蔵は後に三島作品の映画『剣』に主演、また日生劇場で浅利がプロデュースした『一ノ谷物語』に出たことを考えると、少々強引でも西洋演劇に深い関心があったのだろうと、思い到るのだ。

ちなみに、勝は「僕は明治物だな。オッペケペ節の川上音二郎や自由民権を叫ぶ若い壮士など演りたい。それから、現代劇にも出たいね」。自由な発想で意欲的ではないか。

「テアトロ鏑矢」は『マクベス』と『オイディプス王』が下敷きの『海の火焔樹』を旗揚げ作に決めたが、この公演に誘われた四人を書く。

最初が市川小金吾。「つくし会」からの仲間である。昭和四十年十一月、大阪・新歌舞伎座での『若親分』で久々に一緒の舞台に出て、この時の交流後だ。「そう、病気で中断して、それから攻めてやるというのが延び延びになり、その内にだめになって……あの旗挙げには、ぼくも参加することになっていたんです」。そして「もともと（私に）舞台俳優として舞台をやりたい、という夢があって、（雷蔵が）一座を興そうということで話し合った訳ですよ」。結局、小金吾は配役されなかった。

次は若尾文子。平成二十六年八月三十日、東京の角川シネマ新宿で開催された「雷蔵祭・初恋」のトークショーである。数多く共演していた若尾。「スクリーンではさっそうとしていたけれど、実際はひょうひょうとしていた。普段は関西弁でした」と話し、「亡くなる直前に二人で劇団を立ち上げようと、誘われ、参加を決心したものの、病気で実現しなかった」と、明かしていた。

三人目は長谷川明男。『海の火焰樹』で雷蔵が演じる瑠弥の親友・兄紗亜流が配役された俳優だ。『剣』や『ひとり狼』で共演していた。「僕も出る予定だった『海の火焰樹』で雷蔵さんは永松慧一さんという自分とは異質の人にあえて演出をまかせた。『雷蔵さんその声の出し方は違いますよ』って平気でいう人にね。自分に同調してくれる人間は選ばない。そこが雷蔵さんの凄いところです」（『季刊フリックス　市川雷蔵』）と。雷蔵の無邪気な顔が大好きだとも話していた。

最後が藤村志保。瑠弥を慕う女優の麻耶が役だった。彼女は雷蔵が亡くなる二日前、後ろを向いて歩く雷蔵の夢を見たそうだが、お見舞いもできなかった。「劇団〝テアトロ鏑矢〟をつくった時も、相手役をさせていただくことになっていて、一日だけお寺で本読みのお稽古をして。本当に生涯をかけておやりになろうとしていたのに」（『サンデー毎日別冊　市川雷蔵』）。雷蔵は〝冬の季節〟を迎えていた。

稽古はわずか一日

いよいよ、『海の火焰樹』の稽古が始まった。だが、それは〝雷蔵の厳寒の冬〟と言えた。病との戦いでもあったからだ。合わせて私の最後の疑問、雷蔵は〝歌舞伎に戻りたかったのか？〟に進んでみる。

稽古初日。昭和四十三年六月九日。稽古場は京都の裏寺町にあるお寺を借りた。雷蔵の到着を待つ俳優、スタッフは大張り切り。南美江、永田靖、藤村志保、金内喜久夫、長谷川明男を始め、毛利菊枝ら劇団くるみ座の俳優も参加していた。くるみ座は、本拠とする京都市では最古の新劇劇団で毛利と竹中荘吉が主宰し、チェーホフやシェイクスピア劇を多く上演していた。旗揚げ作品の作者、人見嘉久彦と関係が深いし、新たな劇団の出発には格好の集団と言えた。

稽古場のお寺の座敷には「コ」の字型に座机が並べられた。公演ポスターが壁に貼られ、高田一郎デッサンの衣装デザインも届いていた。

午後、主役が来た。映画の撮影を早めに終えて現れた雷蔵は、当時はやった白いタートルネック姿。颯爽としていた。待機していた報道陣がカメラのシャッターを切った。

「雷蔵はやや顔を上気させながら、スタッフ、俳優陣に本日から稽古をはじめる旨、宣言をした」と、人見は「市川雷蔵『テアトロ鏑矢』始末」の中で興奮気味に描写している。

「いっぺん本読みしてみよか」。雷蔵の柔らかい京訛りの一声。瑠弥《るね》役で本を読む彼は爽やかな矜持を感じさせたという。一通りの本読みだが、藤村、南などは持ち役について活発な質問をしたそうだ。

この稽古風景を別の資料から描く。村松友視著『雷蔵好み』に出てくる。人見の追想である。長いようだが、引用する。

「難しいたんとの科白やなあ。これ、みんな暗記するの大変やな。けど、ちゃあんと覚える特別の方法があるさかい大丈夫や」

そんな軽口を叩きながら、飄々とした口調で素よみしていった。役々の性格分析などを話しあい、明日からの稽古スケジュールを細密に打ち合わせたあと、「あすはちょっと来られんかもしれんけど、明後日は時間通りやるから頼むね」と言い、「なあに、腹具合がちょっと変やさかい病院で検査するねん。たいしたことあらへん」と（稽古場に借りた）寺の門をすたすた去っていった。

人見は『市川雷蔵』でもこのように書いていた。

「おもろいもんになりそやな」と言った雷蔵は終始上機嫌で、「稽古、先にはじめててえな」と言ってから、お寺の門をくぐって颯爽と帰っていった、という。雷蔵は、しかし翌日も稽古場には現れず、翌々日の六月十一日、公演の四十五年六月までの延期が決まった。雷蔵が入院したのである。「テアトロ鏑矢」は、わずか一日の稽古で夢幻となった。

順天堂大学附属病院に入院した雷蔵は急性直腸潰瘍と診断され、八月十一日に手術を受けたが、実は医者からは「直腸ガン」と宣告されていたのだった。

既に紹介したが、雅子夫人が語った「夫・市川雷蔵へ四十年目の恋文」が詳しい。

監督をやりたいと聞いたことはありませんが「僕は四十歳過ぎたらプロデューサーに転向するかもしれない」と言っていました。（中略）ですから、自分がプロデューサーとなって立ち上げた劇団「テアトロ鏑矢」については、相当気合が入っていたと思います。

それなのに公演直前、三十六歳のときに体調の変化に見舞われました。突然、主人が

「来て、来て、来て」と呼ぶので、トイレに飛び込んで行ったら、「生理みたいにすごい血でしょう」と彼が言うほど、下血がひどかった。

夢を諦める無念さ、病魔の驚きを赤裸々に語った雅子夫人、雷蔵を考えれば誰もが悲しくなるだろう。雷蔵の本当の病名が「肝臓がん」であることを知るのは亡くなる一週間前のことだった。

さて、映画撮影の仕事に復帰した雷蔵。一方では「雷蔵、新劇に初出演」という見出しで十二月二十一日の『報知新聞』が報じた。劇団くるみ座へ客演するという記事だった。その公演は、くるみ座が四十四年六月に上演する〝小さい劇場〟シリーズの『髪』。作・人見嘉久彦、演出・永松仁。人見が四十年に発表した一幕物の創作劇で、小川真由美らによって劇団文学座がアトリエ公演で上演していた小品。作者、演出ともに『海の火焔樹』と全く同じになっていた。

雷蔵がコメントを寄せていた。

『髪』は、新劇へのアプローチの意味で成果をあげたい。『海の火焔樹』とは表現法は違って、日常性の中で微妙な人間の思想や感情を表現しなければならないもので、私にとっては珍しいレパートリーだけにファイトがわく。私が舞台に魅力を感じるのは、映画の仕事以上に創作意欲がわき、終わったあとの充実感があるからだ。これからも積極的に舞台に取り組むつもりだ。

小劇場形式の舞台に出る決意は見せたが、これも実現しなかった。

さらに、雷蔵が降板した舞台がある。昭和四十四年三月・明治座の「市川雷蔵・朝丘雪路特別公演」。雷蔵は『短夜』と『切られの与三郎』に出演予定だった。雷蔵の病気が理由とされ、一月十一日に辞退していた。急遽、明治座は急編成で演目を変更。『風流深川唄』を雪路と特別出演の守田勘弥、『船場のぼん』を雪路、高島忠夫らで乗り切ったのである。前年十二月末から雷蔵は痛みを訴えていた、とされた。この公演こそ〝幻の最後の舞台〟になったのだった。

ただし、雷蔵がインタビューを受けた新聞記事がある。同年一月十六日の『報知新聞』だ。明治座の公演は辞退したものの、過労にならないという条件で大映京都撮影所で『博徒一代　血祭り不動』の撮影中だった。

「ことしはマイ・ペースでいくよ」と、表情明るく話した雷蔵だが、手術前に六十三キロあった体重が五十九キロに下がったまま。頬もややこけた印象を受けたようだ。「なれない舞台を二十五日も昼夜兼行でやるとなると、どうしても体力に自信がもてなくなってね。無理して途中で休演なんてことになったらお客さんに迷惑になると判断したんですよ」。従って、映画の夜間撮影は外し、午前九時から午後五時まで禁酒禁煙を励行している生活。

また、「契約には何ら問題はないんやけど、道義上からいって明治座さんにはまことに悪いことをした」と、申し訳なさそうに語っていた雷蔵。この後、厳寒の京都で続けた撮影を終えたものの、再度の入院加療に入ったのである。

雷蔵の無念

入院中の雷蔵は激痛と闘っていた。闘いながらも、創作意欲は衰えてはいなかった。

雷蔵と映画プロデューサー藤井浩明の間には懸案の企画が二本あった。川端康成の『千羽鶴』と阿川弘之の『あゝ海軍』である。藤井プロデューサーは『剣』や『眠狂四郎魔性剣』など多くの作品を共に作ってきた、いわば〝戦友〟である。雷蔵の仕事や人柄について実に詳しい。その一つに村松友視著『雷蔵好み』の文庫版に書いた解説がある。

『千羽鶴』は、『眠狂四郎悪女狩り』と遺作になった『博徒一代 血祭り不動』の次回作で準備されていた。が、撮影直前の二月初旬、衣裳合わせの帰りに車の中で身体の不調を藤井に訴えた、という。数日後、雷蔵邸で相談し、諦めたのだった。『千羽鶴』は代役の平幹二朗と若尾文子の共演となった。

その時、全力投球しようと意見一致したのが『あゝ海軍』。雷蔵年来の企画で雷蔵は海軍士官をやるはずだった。藤井の迫力ある文章を読むと、雷蔵の無念を思って悲しい。

昭和四十四年三月十七日、突然、面会謝絶の雷蔵から明るい声で電話がかかって来た。懸案の「あゝ海軍」の話がしたいと言う。病室のある階のエレベーターの扉が開いた途端、私は立ちつくした。私の到着時間が遅いので、彼は病室から椅子を運ばせて待っていたのだ。雷蔵は、「あゝ海軍」の脚本の進行状況を尋ねた。元気のなかった彼の眼にいつもの輝きが浮かぶ。最後に三島由紀夫原作「春の雪」を舞台でやろうと約束した。

文章は続く。翌日、再び雷蔵から電話がかかってきた。医者が五月の退院を許すというのでクランク・インを少しずらしてくれないか——。しかし、藤井の提案は企画会議で永田雅一社長に断られて、立てられた代役は歌舞伎俳優・中村吉右衛門と決まった。

その記事が芸能新聞を飾った朝以来、雷蔵は仕事の話をプッツリしなくなったと聞いた。

これとは別に藤井は『甦る！ 市川雷蔵』でも語っている。

雷蔵さんがその事実を知ったのは、ちょっとした手違いから病室に運ばれたスポーツ新聞紙上でした。（「新しいものへの挑戦をしつづけたひと」）

雅子夫人も以前に触れた〝恋文〟で明らかにしていた。胸が押し潰されるような一文だ。

主人はそのことを、隠しておいたはずの新聞を見て知ったのでした。入院中に主人の涙を見たのは、このときだけです。「嘉男ちゃん、今泣くのはやめようね。また仕事ができるようになって、みんなに『おめでとう』と言われたときに、ふたりで泣こうね」と声をかけたら、「そうだね」と言ってくれました。あのときの場景は今でも忘れられません。

それからは、やはり仕事について一切、口にしなくなった、と結んでいる。

ここで挿話を一つ。以前も紹介したが、明治座顧問などを歴任した廣田一さんは入院中の雷蔵を見舞っていた。養父寿海から「行ってくれ」との要望だった。「危ない、と思った」そうだ。ところが、退院後の療養先・湯河原から雷蔵の手紙が届いた。毛筆の長い手紙だったが、そこには「お互い、体を大事にしよう」「お互い、子供を持つ身。子供がいるし」といった内容。廣田さんは「彼がこんな事をしてくれたことはなかったと思う」と、驚いたのだった。

以上、希望が絶たれた雷蔵の二度目の入院だが、最後の謎である〝歌舞伎に戻りたかったのか？〟を読み解く上で極めて私が重要としている証言に移る。その時期は約一年前。「テアトロ鏑矢」の初日稽古の直後に起きた一回目の入院期間。四十三年初夏に戻ってみよう。

坂田藤十郎が二冊の本で語っていた。一つは扇雀時代の『わたしの雷蔵』、二つ目が鴈治郎の時の『一生青春』。〝武智歌舞伎〟で共に若き日を謳歌した友を「嘉男ちゃん」と本名で言ったり、雷蔵と呼んだりして懐かしんでいる。

まず、『わたしの雷蔵』から。

扇雀（藤十郎）は父二代目鴈治郎と夏に行われる公文協（全国公立文化施設協会）の巡業

公演に出ていた。頃は七、八月中旬。今でこそ夏恒例の巡演となっているが、この時は第二回だった。演目は『土屋主税』『藤娘』、そして大評判を取っていた『曾根崎心中』。小田原市民会館での公演、その日は七月十八日、木曜日であった。

丁度、亡くなる一年前のことです。小田原で公演していた時、「今日は」と、ひょっこり顔を見せたのが、他ならぬ彼だったので、びっくりするやら、なつかしいやら、思わず「なんや嘉男ちゃんやないか。どうしたんや、あんた」と、まずたずねました。かなり以前から、東京で入院中と聞いていましたのに、それが、何の前ぶれもなく、突然小田原くんだりまで、奥さん同伴、アイスクリーム持参で現れたのですから……。聞けば、つい先頃退院して、病後の静養に箱根の温泉へ来ているのだということでした。

すると、雷蔵は「あんたらが来ていると聞いて、あんまりなつかしいので、つい、山から下りて来たんや」。扇雀は続けて書いている。

「相変わらずの飄々とした嘉男ちゃんでした。車で箱根まで帰る間、ずっと話し合ったのですが、一つだけ気になることがありました。といって、病み上がりで元気がなかったわけではありません。それどころか、あの特徴のある元気な声で、これからの抱負を話し始めたのです」

ここからが肝心な点だ。雷蔵の抱負とは歌舞伎をやりたいという希望だった。

「十分準備が出来るまで待っているから、また、昔のようにコンビを組みましょう。『お染久松』『鳥辺山心中』『番町皿屋敷』、(岡本)綺堂の新歌舞伎だけでもいっぱいあるし、(真山)青果ものだって……。だけど、まず、あんたが身体を十分治すのが先決だから、早く元気になってくださいよ」。この『お染久松』は昭和二十四年十二月、四ツ橋・文楽座でのことを指していた。

これに対して応えた雷蔵。「うんもちろん。なる、なる」。扇雀はこのような文章で結んだ。

あの時の彼の眼、熱っぽい口調は、終生忘れることの出来ない思い出として、私の心に焼き付いています。

次に、鴈治郎時代の『一生青春』になるともっと詳しい。雷蔵が抱いていた本音が透いて分かるし、鴈治郎の違った本音も書かれている。

父と私とで『曾根崎心中』を持って廻った時に、小田原へ雷蔵が奥様を連れて見に来てくれました。楽屋で会って一瞬どこの人かと判りませんでした。もともと色の白いほうではないけれど、真黒な顔で、その黒さが尋常ではありません。箱根で療養しているときいていましたが、恐らく病院でも先が長くないのを察してのことだったのでしょう。

なつかしくて『曾根崎心中』を見に来たという雷蔵夫婦を、終演後、私は箱根まで送って行きましたが、体が悪いのもさることながら、映画界に翳りが生じて来ていましたから、さぞ寂しい思いで日々を送っていたのでしょう。

「わしなあ、〝鏑矢〟という会を作り、公演するつもりで企画を立ててポスターもこしらえたのやけど、うまいことといかんかった。あかんのや。わし、もう一ぺん、歌舞伎に帰れるやろかなあ」と言う雷蔵君に、私は、「そんなややこしいことするなよ。歌舞伎が出来るよ」と言いました。出来ると答えざるを得ない顔色でした。芸の腕云々以前に、体がもう衰弱しきって復帰できようはずのない顔色でした。

歌舞伎に戻りたかったのか？［七不思議 第七］

病後の静養中に、雷蔵が訪ねた小田原市民会館の公演について扇雀（藤十郎）が書いた記録が残っている。扇雀が後に立ち上げた近松座の会報「近松座春秋」（一九八八年十一月十五日号）である。

「この長期公演は、北海道・東北・中部地方等で四十日間毎日公演する場所が変わり、移動をするので体力も消耗し、疲れます。父（二代目鴈治郎）は、楽屋にいる時は、徳兵衛役がつとまるかと心配することもあったほど、暑さに弱く、付人が気をもんでいたことが何度かありましたが、いったん舞台に出ると見違えるほど元気で、若々しい二十五歳の徳兵衛になり、私のお初と若き男女の恋を力いっぱい演じ切っておりました」。この時の公演で『曾根崎心中』の上演記録がちょうど四百回目ぐらいだったというが、そんな暑さの中、雷蔵と扇雀は再会したのだった。

『一生青春』に戻ろう。

「もう一ぺん、歌舞伎に帰れるやろかなあ」と雷蔵は悲壮な覚悟で言ったのだろう。それに対して「歌舞伎が出来るよ」と応えた扇雀だが、こう回想している。

雷蔵君はなかなか考える男でしたから、たとえ歌舞伎に帰らしてくれても、その先が容易でないのを重々察していたに違いありません。

映画へ去って後約十年ぶりの三十九年一月、日生劇場の歌舞伎公演で、石原慎太郎の書き下ろした『一の谷物語』で彼と共演しましたが、「やはり歌舞伎から離れたらいかんなあ」と新作であるのに、雷蔵君は自問自答していました。

さらに、雷蔵の内心を代弁するように続けている。

〝鏑矢〟ででも何かしておいた上で、また歌舞伎へ出たいけれど、それは無理だと、口には出さずとも自分で承知していたでしょう。

体力、病から無理なのではなく、逃げた役者を歌舞伎界は許さない、といった当時の厳しい不文律に似た慣習を扇雀、雷蔵とも分かっていたのを指している。

小田原へ戻る私を、奥様と並んでいつまでも手を振っていた雷蔵君の姿が忘れられません。思えばあの時は、もちろん雷蔵君自身巡業を見に行きたい気持ちはあったろうけれど、奥様が小田原へ行きませんか、と言ったのではないでしょうか。

扇雀は、久しぶりに会った雷蔵を「元来臈《ろう》たけた感じでしたが、それが眠狂四郎のようなニヒルな人物と合致して、独特の風格がありました」と書き、こう結んでいる。

彼がいまいたら、歌舞伎にでる云々ということは別にして、どんなにいいのになあ、と思うことしきりです。

人生観というか、人生の計画というか、転機とも思える考えを述べた本から引用する。『アサヒグラフ別冊　市川雷蔵』（一九九四年）の中で山根貞男が書いた「市川雷蔵——最後の映画スター」である。

人生五十年といわれており、せいぜい生きたとして六、七十年というところでしょうが、この映画の仕事で六十、七十までやって、やれないことはないとしても、まず渾身の情熱を注ぎ得るのは、その半分、四十代くらいまでだろうと思います。そう考えてくると、それまでに残された一年一年、一作一作が実に貴重なもので、これを無駄使いしたくない気持で一杯になってきます。

これは雷蔵の後援会機関誌『よ志哉』に載った随筆で、雷蔵が二十歳代後半の時である。一方で、田山力哉の小説『市川雷蔵かげろうの死』では次のように書かれている。

「歌舞伎は結局、年を取ってからでないとだめですよ。反対に映画は年を取ったらだめですからね。若い間、映画で稼いで、年を取ったら歌舞伎をやろうと思ってるんです」

こう雷蔵が語ったのは、日生劇場で久しぶりに歌舞伎舞台に出た頃と書いている。田山は出典を避けており、誰に語ったか不明だ。小説であり、取材を重ねた末の話としてやや半信半疑ではあるが、興味深い。

くどいようだが、大宅壮一との対談で語った雷蔵の気持ちを紹介してみる。

大宅「カブキの世界より映画の世界の方がいいかもわかりませんね」

雷蔵「先のことはわからんけども……。その通りになるか、カブキ俳優になってしまうかもわからんし、ほんとの映画俳優になってしまうかもわからん」

大宅「今にカブキが内容的に変ってくれば、あなたのような方が必要になって来るでしょうね」

雷蔵「カブキの世界が、われわれの意思によって、新しい方向へ進んだり、いろんな楽しみのある世界なら、カブキに出ますけどね、いまのところ先輩が多勢いますしね」

まだ若い二十四歳の頃で、のらりくらりの雷蔵らしい。ただ、言えるのはどの発言を読んでも、雷蔵の生涯を通して〝歌舞伎〟への情熱が消えることはなかった、と思う。いや、いつの日にか歌舞伎役者に戻りたかった。そう信じたいのである。

雷蔵の最期

だが、ついにその時が、来た。

雷蔵の最期については多くを割こうと思わない。が、雅子夫人の〝恋文〟は避けては通れない。簡潔に触れたい。「七月十七日のことは今でも覚えています」と回想し、ご主人がいかに病魔と闘ったかを連綿と書いた。

「ほんとに静かな最期でした。主人のベンツの後部座席に彼を寝かせて、膝枕して頭を撫でてあげながら東京の自宅まで連れて帰りました」。最期のお別れをしたのは養父市川寿海と永田雅一大映社長のみ。「マスコミでは『僕が死んだら、死顔は誰にも見せないでくれ』と遺言があったと報じられましたが、彼はがんだと言うことも知りませんでしたし、自分が死ぬなんて考えたこともなかったはずです。遺言どころか『子どもを頼む』なんて言葉も一切なく、本当に前向きに病気と闘っていたのです」。遺言の存在をきっぱり、否定し「人生とは、不条理なものですね」。すべて自分の判断だったと偲んでいる。

八代目市川雷蔵は昭和四十四年七月十七日午前八時二十分、この世を去った。まだ、若く、早過ぎる三十七歳であった。

翌日の新聞各紙が急死と報じたが、一般紙のベタ記事扱いは今なら驚くほど小さい。『報知新聞』には「雷ちゃんを悼む」の見出しで勝新太郎の長い談話が載った。


北海道の旅（芝居の地方公演）で悲報を聞き、あまりの驚きに涙すら出なかった。きょうの昼の部の前に朝丘雪路さんや清水彰さんら出演者一同と舞台で黙とうをささげたが、そのとき胸のなかで「さよなら」をいうのがつらかった。病院に見舞いに行きたたかったのだが、病気にさわってはと思ったし、バリバリやっているオレの姿をみせて寂しい思いをさせては……と遠慮していた。こうなるんだったら、見舞って、いろいろ話しておくんだったと悔やまれてならん。雷ちゃんとはライバルと世間からいわれたが、とくにその意識はなかった。ただ、オレとちがってもくもくと撮影にはげんでいるかれの意欲には、いつもひそかに敬服していた。

二十三日、葬儀・告別式が東京・池上本門寺で行われた。約五百個の花輪が飾られていた。葬儀には中村玉緒、橋幸夫らごく親しかった人だけが列席し、遺族席には雅子夫人と遺児、養父市川寿海の姿があった。

正午からの告別式では長谷川一夫、中村勘三郎、山本富士子、中村錦之助（当時）夫妻、若尾文子、中村扇雀、山本薩夫監督、藤間勘十郎夫妻、三島由紀夫を始め岸信介元首相、福田赳夫蔵相、田中角栄自民党幹事長らが姿を見せた。

一般の焼香には約二千人のファンが弔問の列を作ったが、その時だ。雷をともなった雨が降り出したのである。その雷鳴は、天上からの富樫の声か。「斯様に候ものは歌舞伎国の住人、市川雷蔵にて候」。雷光は光速で伝わり、雷鳴は音速で伝わる、という。雷蔵は人生の花道を一気に走り抜いた、と思わせる天の演出だった。

さて、俳優名の「市川雷蔵」。松竹顧問などを歴任した廣田一さんに聞くと、市川寿海が昭和四十六年四月三日に他界した後、永山武臣（元・松竹会長）氏と廣田さんが東京・目黒区青葉台の團十郎家の自宅を訪問したという。成田家へ寿海の名を返上するためだ。團十郎家として、この寿海の名は「二度と出しません」と語ったそうだ。さらに、雷蔵の名についてだ。「ご子息が役者になるなら、優先して出しましょう」。しかし、雷蔵家に歌舞伎俳優の後継者はおらず、團十郎家の預かりになっている。

雷蔵の戒名は、大雲院雷蔵法眼日浄居士。日蓮宗の寺院、池上本門寺に葬られた後に墓は山梨県の久遠寺に移された。

没後ちょうど四十年目の平成二十一年七月十七日。「大雷蔵祭」と銘打った映画祭の開催が新聞紙上に発表された。そしてその十月、東京・新宿で、出演した一〇〇作品が一挙上映されたのだった。

さらに、平成二十六年十二月十一日。映画雑誌『キネマ旬報』を発行するキネマ旬報社が「オールタイム・ベスト日本映画男優・女優」を発表した。同誌の創刊九十五周年を記念したアンケート企画である。

雷蔵はその男優部門で第三位に入った。これは十四年ぶりの企画で、同じ十四年ぶりだった前回の平成十二年度では第六位。この没後三十一年が第六位、そして没後四十五年の平成二十六年に第三位にと上昇したことになる。根強い〝雷さま人気〟を実証している。ちなみに、男優第一位は三船敏郎、四位は勝新太郎、女優第一位が高峰秀子だった。

歌舞伎役者八代目市川雷蔵をもっと知りたかった。仁木弾正、定九郎、民谷伊右衛門、切られ与三、直侍、いがみの権太……もう数え切れないほどだ。見たかった。

「つくし会」の仲間だった嵐鯉昇（四代目）は映画界に移って北上弥太郎という映画スターになって大活躍。その後の昭和五十九年三月、八代目嵐吉三郎を襲名して三十二年ぶりに歌舞伎に復帰したのが話題になった。同じく仲間の坂東竹三郎は今の猿之助に信頼され、脇役の重鎮として東西の劇場に出演している。

「武智歌舞伎」時代の同僚、中村富十郎も坂田藤十郎も見事な大輪を咲かせた。さらに加えるなら、中村錦之助（萬屋錦之介）にしても昭和三十一年に歌舞伎舞台に復帰。六十一年と平成六年に演じた『極付幡随長兵衛』の貫禄、巧さは忘れられない。同じように長命の雷蔵なれば歌舞伎に復帰し、人気役者となったに違いない。

令和三年（二〇二一）は雷蔵の初舞台七十五年、生誕九十年に当たる。

私は、〝のらりくらり市川雷蔵〟、そんな歌舞伎役者を愛さずにはいられない。

勝新太郎の表現を借りれば——。

雷ちゃんは風になって永久に生き続けるだろう。

ほら、雷ちゃんが来てくれた。

ピカピカ　ピカピカ　ゴロゴロ　ゴロゴロ
「よう、よう、升田屋、待ってましたあ！」

あとがき

なぜ、雷蔵か。なぜ、のらりくらりか。歌舞伎役者の、舞台俳優としての雷蔵を知りたかった。銀幕の大スターではなく、あくまで歌舞伎の世界の雷蔵である。

私は映画の世界は門外漢であり、映画についてはすでに多くの著作が知られている。歌舞伎役者としての雷蔵の生の舞台を知らない、遅れてきた世代の者にとって、もはや伝説の人だったが、その反面、意外だったのだが、歌舞伎役者としての纏まった資料や著書が見当たらなかったのである。

調べるにつれて、複雑に考えが変わる側面とか、本心を隠している、と推測される発言が見えてきた。雷蔵当人が言い切っていたのが、のらりくらりとした性格。人生のある局面で、のらくらと答えていた時期があった。だがそれは、正しく素顔なのか、あるいは演技ではないのか。雷蔵は、役者である。面白そうな人だ。本の題名を一時はこう決めた。『のらりくらり市川雷蔵』と。

八代目市川雷蔵の半評伝を書くに当たり、七つの謎を設定し、その人生を四季に色分けしたのはひとえに筆者の一人よがりである。書き易かっただけのことだ。つくし会、武智歌舞伎、日生劇場での富樫、といった断片的な興味と知識が土台だった。

つくし会の項は坂東竹三郎丈から得た証言がなければ平凡に終わっただろう。創立秘話は間違いなく、新事実の発掘になった。竹三郎丈には感謝以外の言葉はない。日生劇場での富樫では共演した俳優の生の声を頂いた。実に貴重な証言になった。

コロナ禍によって昨年三月から演劇公演の延期・中止が相次ぎ、その間、ひたすら雷蔵と向き合った。長く止まってしまっていた執筆が再開できた。新たな発見や新事実も出てきた。

のらりくらりと、しかしながら自分の運命から目を逸らすことなく生き抜いた歌舞伎役者。今こそ手本としたい〝わが友、雷蔵〟を愛さずにはいられない。

勝手に引用した資料や著作、インタビューに快く語っていただいた方々に改めて陳謝し厚く御礼を申し上げる。ならびに写真の掲載にご協力いただいた関係者、関係機関の皆様にも感謝申し上げたい。また、中央公論新社の吉田大作さんのお世話になった。深く感謝したい。そして、つねに第一の読者であり、励まし、付き合ってくれた亡き妻京子に捧げたい。

令和三年八月

大島 幸久

装丁　岡本洋平（岡本デザイン室）

大島幸久（おおしま・ゆきひさ）

1947年、東京都生まれ。明治大学を卒業後、報知新聞社で演劇を長く取材。文化部長、編集委員などを経て、退職後、演劇ジャーナリストとなる。鶴屋南北戯曲賞、文化庁芸術祭、芸術選奨などの選考委員、読売演劇大賞投票委員などを歴任。著書に『名優の食卓』など。

歌舞伎役者《かぶきやくしゃ》・市川雷蔵《いちかわらいぞう》

——のらりくらりと生《い》きて

二〇二一年八月二十五日　初版発行
二〇二一年十二月十日　再版発行

著　者　大島幸久《おおしまゆきひさ》
発行者　松田陽三
発行所　中央公論新社
〒一〇〇-八一五二
東京都千代田区大手町一-七-一
電話　販売　〇三-五二九九-一七三〇
　　　編集　〇三-五二九九-一七四〇
URL https://www.chuko.co.jp/

DTP　今井明子
印　刷　図書印刷
製　本　大口製本印刷

© 2021 Yukihisa OSHIMA

Published by CHUOKORON-SHINSHA, INC.
Printed in Japan　ISBN978-4-12-005457-0 C0074

定価はカバーに表示してあります。落丁本・乱丁本はお手数ですが小社販売部宛お送り下さい。送料小社負担にてお取り替えいたします。

●本書の無断複製（コピー）は、著作権法上での例外を除き禁じられています。また、代行業者等に依頼してスキャンやデジタル化を行うことは、たとえ個人や家庭内の利用を目的とする場合でも著作権法違反です。

中央公論新社の本

評話集
勘三郎の死——劇場群像と舞台回想

中村哲郎 著

何と言っても、いい役者。面白い、愉しい役者。ある時代の、人の世の花だった——躍動する戦後歌舞伎の展開を背に十八代目勘三郎との三十九年間の交流と葛藤を綴る迫真の名エッセイ。

第72回読売文学賞（随筆・紀行賞）**受賞**